# まえがき

　私は、『ある日銀マンの昭和史』と題する単行本を民事法研究会から、2年前の2013（平成25）年5月に出版いたしました。これは、出生から始まり、その後の人生および68年間働き続けた前半の日銀時代の37年間における奮闘をまとめた自分史です。その後の31年間は、私はクレジットカード業界にかかわってきました。仮に日銀時代を前編と呼ぶならば、本書はその後編にあたるものですが、これは、クレジットカード業界で学んできた知識と経験、コツコツと一人で研究を重ねてきた成果を集大成し、様々な興味深いテーマにしてわかりやすく解説し、クレジットカード業界で働く人々、あるいはクレジットカードに関心を有する方々や研究者、法律家などの参考に供しようとするものです。いわば、クレジットカードに関する「実用知識百科」というべき内容です。

　私は、VISA International東京、並びにMasterCard International東京の両事務所で働く機会をいただきました。VISAとMasterCardというライバルのブランドカード会社に5年間ずつ勤務するという得がたい経験を積みました。おそらくこのような経験を持つ人は、日本広しといえども私ぐらいのものではないでしょうか。VISA時代でクレジットカードの基礎知識を学び、MasterCard時代では、カード犯罪を取り締まるセキュリティオフィサーとしてめずらしい経験を積むことができました。

　クレジットカードが日本に初めて導入されたのは、1960年頃と言われています。誕生したばかりのカード業界に、クレジットカードに縁もゆかりもない私が、なぜ引きずり込まれたのか、今なお謎です。当時、日銀人事部から「これからはカード社会が実現する。おまえは日銀から先兵となって新しい国際的な業界を育て上げるつもりで頑張ってくれ」と口説かれて、1984年に日本に進出してきたばかりのVISA International東京事務所設立に参画しました。その後、VISAを退職してホッとする暇もなく、日本信販、次いでMasterCard International東京事務所の在日副代表として呼び込まれました。

1

まえがき

　VISAのオフィスは帝国ホテルのインペリアルタワーの一角を占め、与えられた広い個室に若い秘書さんと2人きりでいると、がらんとして気味が悪いようでした。日銀時代は大部屋で課長以下全職員が机を並べて仕事をしていましたから、「外資系の会社は贅沢なものだなぁ」とつくづく感じました。

　クレジットカードというものがこれまた生まれて初めての経験で、上下左右どこを向いてもわからないことばかりでした。50歳を過ぎた新入社員に何ができるのかと心細い限りでしたが、カード業界の方々は皆さん親切で、この新参者を手取り足取り導いてくれました。しかし、しばらくすると皆さんから教えてもらういくつかの点が、VISA本部からあらかじめレクチャーを受けてきたことと「ちょっと違うな」と気づきました。

　日本でVISAカードを初めて発行した企業は、1967年に設立された住友銀行系の住友クレジットサービス（現：三井住友カード）でした。同社はVISAジャパンと称する協会を設立して他のカード会社を誘い込み、クレジットカードという仕組みをどんどんアメリカから持ち込み、この新構想を日本の風土になじませる、すなわち日本の銀行のしきたりを加味したカード社会を育て上げようと努力していました。これに驚いたのはVISA International本部でした。VISAは国際的な組織を持ち国際的に統一された仕組みを守るブランドカード会社です。この組織からはみ出して日本式VISAが出現するのは困るのです。何としても早めに、将来有望な市場となる日本のガラパゴス化の芽を摘み取らなければなりません。そのためにVISA International東京事務所が設立され、私の転進が発令されたわけです。

　繰り返しますが、私はクレジットカードには縁もゆかりもありません。「なぜ私が？」と今でも首をひねっています。日銀のエリートがすべてこの新任務を辞退したので私にお鉢が回ってきたのか、はたまたお偉いさんではなく一兵卒なので、仮に新社会で失敗しても日銀に傷はつかないと人事部が考えたからでしょうか。それとも、日銀時代の私の仕事ぶりが買われたからでしょうか。いっさいわかりません。とにかくこのような経緯で私のカード社会における新人生が始まりました。カードの勉強は大変でした。入れ物は豪華

なインペリアルタワーの一室でしたが、住人の苦闘は並大抵なものではなく、将来は暗澹たるものでした。ガラパゴス化を防ごうとする小生たちに対し、既存のカード会社による抵抗が執拗に続きました。

　わが国は世界に冠たる現金社会、すなわち現金を好む社会です。この社会ではなかなかクレジットカードの利用度は伸びません。「なぜか？」、その理由はいろいろ考えられます。その中で最たるものは「クレジットカードそのものの理解不足」だと、私は考えています。政府の「われ関せず」のスタンスと、カードに関する一般国民の理解不足とが両々相まってクレジットカードのさらなる伸びを抑えている、と愚考します。○○教室と銘打った教育の場は巷にあふれていますが、「カード教室」なるものはどこを探しても見つかりません。肝腎のカード会社もこの方面には手を出していません。

　本書がささやかながらその教育の一助となることを念じています。本書は、民事法研究会の田口信義社長のご厚情により出版できました。上梓に際しては、編集部の松下寿美子さんと雪野奈美さんに大変お世話になりました。感謝申し上げます。

　2015（平成27）年初夏

末　藤　高　義

〔著者略歴〕

## 末藤高義（すえふじ　たかよし）

〔学　歴〕

1961年　中央大学第二法学部卒業

1963年　フルブライト全額支給生として米国のAmerican Univ.
　　　　SIS大学院卒、国際関係論修士号を取得

1966年　青山学院大学経済学部非常勤講師（日銀と兼任）

〔職　歴〕

1947年　日本銀行入行

1952年　外務省研修所派遣

1967年　日銀NY事務所勤務

1970年　日銀外国局

1984年　日銀慫慂退職

　同年　VISA International 東京事務所支配人

1989年　日本信販参与

1990年　MasterCard International東京事務所在日副代表

1994年　定年退職

その後、クレジットカード研究および著作に従事

〔著書一覧〕

『クレジットカード犯罪・トラブル対処法』(2003年)

『クレジットカード犯罪・トラブル対処法〔改訂増補版〕』(2005年)

『クレジットカード用語事典』(2006年)

『クレジットカード用語事典〔改訂増補版〕』(2008年)

『インターネット&クレジットカードの犯罪・トラブル対処法』(2009年)

『クレジットカード用語事典〔第3版〕』(2011年)

『サイバー犯罪対策ガイドブック』(2012年)

『ある日銀マンの昭和史』(2013年)

『クレジットカード用語事典〔第4版〕』(現在改訂作業中、近日刊行予定)

その他、世界銀行、国際通貨基金、国際決済銀行、関税と貿易に関する一般協定、金取引に関する論文多数

『あなたの知らない！ クレジットカード社会の真実』

〔目　次〕

# 第1部　クレジットカードの世界は奥が深い

1. クレジットカードを持ちたいが持てない人 …………………………… 2
2. クレジットカードはこうして誕生した ………………………………… 8
　〔コラム①〕　カード業界へ転身を打診されたこと ………………… 12
3. クレジットカードのことをよく知る …………………………………… 14
　〔コラム②〕　カード業界への転身決意までのこと ………………… 24
4. クレジットカード業界に登場してくる人物とは ……………………… 25
5. 泣く子もだまる個人信用情報機関 ……………………………………… 30
6. 提携カードはこんなに便利 ……………………………………………… 35
7. 知っていますか、クレジットカードの表と裏の秘密 ………………… 42
　〔コラム③〕　個室と秘書のこと ……………………………………… 47
8. クレジットカードの生命線を支えるオーソリゼーションと
　信用照会端末 ……………………………………………………………… 48
9. 知ってほしい金利と借金の相関関係 …………………………………… 56
　〔コラム④〕　カードのことを何も知らない支配人 ………………… 64
10. 決済制度は世界を結ぶ …………………………………………………… 65
　〔コラム⑤〕　セキュリティオフィサーに任命されたこと ………… 72
11. クレジットカード取引の根幹を支えるチャージバック制度 ………… 73
12. クレジットカード関連統計の収集と活用方法の極意とは …………… 80
　〔コラム⑥〕　VISA Japan vs VISA Internationalのこと ………… 85
13. 急成長を続ける楽天、クレディセゾン、ユーシーカードの横顔 …… 86

14 経営戦略に不可欠なアウトソーシングとその落とし穴 ………… 94
　〔コラム⑦〕　日本信販にヘッドハンティングされたこと …………… 99
15 巧妙化するクレジットカードをめぐる犯罪 ……………………… 100
16 広範に及ぶクレジットカードを規制する多様な法律 …………… 105
　〔コラム⑧〕　知ってゾッとしたPOCの正体のこと ………………… 113
17 知らなかったではすまないクレジットカードの落とし穴 ……… 114
　〔コラム⑨〕　有難い海外旅行体験のこと ……………………………… 119
18 一老兵が体験した忘れがたいクレジットカード業界の「四方山話」………………………………………………………………… 120
　〔コラム⑩〕　時差ぼけ、体内時計の逆周りのこと …………………… 125
19 内側から見たクレジットカード業界の七不思議 ………………… 126
20 著者が想像するわが国の現金社会とクレジットカードの未来像 ………………………………………………………………… 132
　〔コラム⑪〕　月刊消費者信用と民事法研究会との出会いのこと …… 139

## 第2部　知っていれば役に立つ金融の話

1 庶民金融と金貸しの生い立ち ……………………………………… 142
2 財閥と銀行の発達史 ………………………………………………… 148
3 銀行の変せんと現在 ………………………………………………… 154
4 ゆうちょ銀行の誕生と現在 ………………………………………… 160
5 貸金業法はわが国の消費者金融の歴史を語る …………………… 167
6 IT社会の進展は銀行離れを加速するか …………………………… 173
　〔コラム⑫〕　ガラパゴス現象の遠因とは ……………………………… 180

## 第3部　IT社会の落とし子たち

1. インターネット・バンキングは便利だが危険がいっぱい …………… *182*
   〔コラム⑬〕　スポーツ大会に絡む思い出 ……………………………… *188*
2. だれでも手軽に参加できるインターネット・オークション ………… *189*
3. 暗号はインターネット社会を支える重要なインフラ ………………… *194*
   〔コラム⑭〕　ＰＩＮにかかわる話 ……………………………………… *200*
4. ビットコインはIT社会が生んだモンスターか ……………………… *201*
5. 本格的普及にはまだ時間がかかる電子マネー ………………………… *206*
6. 「おサイフケータイ」はなぜガラパゴス化したのか ………………… *212*
   〔コラム⑮〕　チャージバックのこと …………………………………… *217*
7. デビットカードはクレジットカードに肉迫できるか ………………… *218*
8. フィンテック（FINTECH）の登場でさらなる銀行離れが
   起きるか ……………………………………………………………………… *224*

〔法令略称一覧〕

(50音順)

- 外為法　　外国為替及び外国貿易法
- 携帯電話不正利用防止法　　携帯音声通信事業者による契約者等の本人確認等及び携帯音声通信役務の不正な利用の防止に関する法律
- 個人情報保護法　　個人情報の保護に関する法律
- サービサー法　　債権管理回収業に関する特別措置法
- 資金決済法　　資金決済に関する法律
- 出資法　　出資の受入れ、預り金及び金利等の取締りに関する法律
- 組織犯罪処罰法　　組織的な犯罪の処罰及び犯罪収益の規制等に関する法律
- 電子署名法　　電子署名及び認証業務に関する法律
- 特定商取引法　　特定商取引に関する法律
- 入管法　　出入国管理及び難民認定法
- 犯罪収益移転防止法　　犯罪による収益の移転防止に関する法律
- 不正アクセス禁止法　　不正アクセス行為の禁止等に関する法律
- 振り込め詐欺被害者救済法　　犯罪利用預金口座等に係る資金による被害回復分配金の支払等に関する法律
- プリペイド・カード法　　前払式証票の規制等に関する法律（資金決済法の施行に伴い2010年4月1日廃止）
- 本人確認法　　金融機関等による顧客等の本人確認等及び預金口座等の不正な利用の防止に関する法律
- ヤミ金融対策法　　貸金業規制法及び出資法の一部改正法
- 預金者保護法　　偽造カード等及び盗難カード等を用いて行われる不正な機械式預貯金払戻し等からの預貯金者の保護等に関する法律
- 利限法　　利息制限法

## 〔英文略語一覧〕

(アルファベット順)

| 略 語 | 本 文 | 和 訳 |
|---|---|---|
| ACH | Automated Clearing House | 米国の小口資金決済システム（給料、年金、公共料金支払等） |
| AES | Advanced Encription Standard | 暗号の一種 |
| ATM | Automated Teller Machine | 現金自動預け払い機 |
| BIN | Bank Idetification Number | 銀行識別番号 |
| CAT | Card Authorizetion Terminal | カード加盟店で、カードの有効性を確かめるため、カード情報をオーソリセンターに問い合わせて決済する装置 |
| CC | Common Criteria | 情報機器や情報システムのセキュリティを評価するための基準を定める国際規格 |
| CCT | Credit Card Terminal | クレジットカード端末 |
| CIA | Central Intelligence Agency | 米国中央情報局 |
| CLS | Continuous Linked Settlement | 連結決済システム |
| DES | Data Encryption Standard | 米国の旧国家暗号方式 |
| DTSS | Designate Time Settlement System | 決済方法の一種 |
| FBI | Federal Bureau of Investigation | 米国連邦捜査局 |
| FEAL | Fast Data Encipherment Algorithm | 暗号アルゴリズム |
| FL | Floor Limit | オーソリ請求義務上限額 |
| G-CAT | Gathering CAT | ギャザリングCAT, 販売の都度売上データをオンラインでやとりして精算する端末 |
| GSS | Gross Settlement System | 決済方法の一種 |
| IC | Integrate Circuit | 集積回路 |
| ICBA | International Card Business Association | 国際カードビジネス協会 |
| ICPO | International Criminal Police Organization | 国際刑事警察機構 |

9

# 英文略語一覧

| 略　語 | 本　文 | 和　訳 |
|---|---|---|
| KES | Key Escrow System | 米国政府が構想し提唱している情報管理・暗号鍵供託システム |
| MT | Magnetic Tape | 磁気テープ |
| NSS | Net Settlement System | 決済システムに参加する銀行間で、相互の債権債務を差引き計算し、ネットの金額（差額）のみを決済するシステム |
| O-CAP | Operation Center Asia Pacific | アジア太平洋地域オパレーションセンター |
| PGP | Pretty Good Privacy | フィル・ジマーマンが開発・公開した暗号ソフトウエア |
| PIN | Persanal Identification Number | 暗証番号 |
| PKC | Pubric Key Criptography | ナップザック公開暗号 |
| POC | Point of Compromise | 不良加盟店 |
| POS | Point of Sale | 販売時点情報管理端末 |
| RED | international Re-Engineering Disputes Project | チャージバック手続の見直し作業 |
| RTGST | Real Time Gross Settlement System | 即時グロス決済システム |
| SECE | Secure Electronic Commerce Environment | クレジットカード決済プロトコルを利用し、公開鍵を用いて決済情報を暗号化する方式 |
| SS | Secret Service | 米国シークレットサービス |
| SET | Secure Electronic Transactions | データの送り主とその真実性を確認・証明する暗号化方式 |
| SSL | Secure Socket Layer | データを暗号化してやりとりする手順のプロトコル |
| TLS | Transport Layer Security | セキュリティを要求される通信を行うための手順のプロトコル |
| VJA | VISA Japan Association | ビザジャパン協会 |

# 第 1 部

## クレジットカードの世界は奥が深い

## 1 クレジットカードを持ちたいが持てない人

　最近のIT専門家からの情報によると、「クレジットカードを持ちたいが持てない人」が急増しているそうです。このグループには、どんな人たちがいるのでしょうか。分類すると次のようになります。

① 銀行から相手にされないので、やむを得ず高利のお金を借りているが、返済はきちんと行っている人たち

② 給料日まであと数日、手元にお金がないが、子供が急病になり病院へ駆け込むお母さん

③ 遊びに忙しい高校生や大学生

④ 低賃金に苦しむアルバイター

⑤ 正社員になれずに苦しんでいる非正規雇用者たち

⑥ 多重債務者のレッテルを貼られた人たち

⑦ 過去にクレジットカード関連の不正行為をした人たち

⑧ 未成年者

　クレジットカードを持つうえで一番必要なものはあなたの「信用」です。信用にはいろいろな意味が含まれていますが、カード業界でいう「信用」とは、「現在のあなたの経済状態からみて将来支払義務を遂行できるだろうと推測できること」、または、「物またはサービスを手に入れてその代価を後日必ず支払うことができる（よい会員になる）こと」を意味します。以上を頭に入れて以下に述べることをしっかりと読んでみてください。

### ●持ちたいが持てない人が増えた理由とは

2010年6月、改正貸金業法が施行され、グレーゾーン金利の撤廃、総量規制の導入、指定信用情報機関が実現しました。その結果、やむを得ず高利の運転資金を借りて真面目に返済していた零細中小企業経営者や家庭の主婦など、いわゆる善良な債務者までが消費者金融会社から締め出されてしまいました。多重債務者を減らそうとした政府の意図がこの局面では裏目に出たわけです。

### ●クレジットカードを持ちたい理由は何ですか

クレジットカードには、次の2つの魅力（利便性）があります。
① 今手元にお金がなくても欲しい物がすぐ手に入る。
② 手軽にATMのボタンを押せばある程度まとまったお金が手に入る。

やむを得ずこの利便性を利用しようとする真面目な中小企業経営者や主婦は別として、あなたはこの利便性のみに目を向けているのではないでしょうか。あるいは、バレンタインデーの真の意味を知らず宣伝文句に踊らされて単に義理チョコを贈るのと同様、流行とカッコよさに惹かれてカードを欲しがっているのではないでしょうか。

### ●クレジットカードの取得資格とは

次の2つの制限があります。
① 年齢制限　　原則として満18歳未満の人は持つことができません。
② 収入制限　　具体的な基準は発表されていませんが安定した収入のある人に限られます。

### ●クレジットカード申請者に対する審査基準

業態別で審査基準には若干の違いがあります。
① 銀行系　　上記①と②の基準が極めて厳格に守られています。
② 信販系　　銀行系と同様です。ただしスタンスがやや甘いときもあります。
③ 流通系　　「勤務先が確認されれば」とのスタンスです。
④ 消費者信用系　　大手カード会社から締め出された人を拾うスタンス

です。

### ●クレジットカード会社の審査とは

　一昔前までは、練達の審査員が申請者と面談し、いわゆる３Ｃの原則（性格：character、担保力：collateral、支払能力：capacity）に照らし合否を決めていましたが、1980年頃からいわゆるスコアリング・システムが採用されて現在に至っています。このシステムは、カード申請者の信用を、年齢、居住状況、収入、勤務形態などのデータを数値化した図表に当てはめてランク付けをして合否を決めるやり方で、現在は、このシステムは電子化されてより詳細になっています。

### ●審査に通る裏技

　カードを入手する方法はあるにはありますが、あまり詳しく公言したくありません。簡単に次の３つを並べておきます。

① 　クレジットカード会社で働く。
② 　クレジットカード・ヒストリー（正常支払マーク＝＄）を積み重ねていく。

　　個人信用情報機関は、正常な支払いであること、または延滞があることなどについて詳細なマークを使い分けています。正常支払マーク（＄マーク）を積み重ねていくことが大切です。

③ 　申請書の書き方を工夫する（嘘を書いてはいけません。すぐわかります）。

### ●本来は持てない人がカードを手に入れた後の絵姿

　さて、あなたは念願かなってクレジットカードを手に入れたとしましょう。
　高価な物を見境なく買いまくるなんてバカなことはしないでしょうね。あなたの将来の姿は次の３つです。自分はなぜクレジットカードを持ちたいのか、その理由をじっくりと考えておきましょう。

① 　健全なカード会員になる。
　　自分の預金残高の範囲内でカードを使う意思の強い方ですね。
② 　多重債務者になってしまう。
　　カードを無計画に使って借金の泥沼に陥る人です。

③　カード犯罪に巻き込まれてしまう。

　　犯罪グループはカモにしようとしてあなたを虎視眈々狙っています。一歩誤るとカードが犯罪を誘発することもあるのです。

●**貸したお金を取り返す方法**

ここでちょっと、貸金の取立方法について考えておきましょう。怖い方法もあります。

いやな話もあります。

〔合法的な取立方法〕

① 電話をかけて催促する。

② 請求書を送る。

③ 内容証明郵便を送る。

④ 自宅・職場に直接取り立てにいく（合法的に）。

⑤ 話し合いをする。

⑥ 債務承諾書を作成する。

⑦ 債務弁済契約公正証書を作成する。

⑧ 売買契約を準消費貸借契約に切り替える。

⑨ 新しい担保をとる。

⑩ 債務者以外の人（連帯債務者、保証人、連帯保証人など）から回収する。

⑪ 相殺あるいは代物弁済によって回収する。

⑫ 債権を第三者に譲渡する。

⑬ 警察へ被害届を出す、告訴する。

⑭ 裁判所に提訴する（ADR手続を含む）。

〔非合法的な取立行為〕

① 非合法的な手段によって取り立てる。

　　一昔前までは、執拗かつ暴力的な取立てが横行していました。これにより、一家離散、自殺者まで出しました。

② 取立屋に貸金債権を売って元金を取り戻す。

　　この取立屋のやり方が問題です。非合法な取立てはおおむね暴力団の

③　債務者を自殺させて生命保険金により借金を返済させる。
　　現在は厳罰をもって禁止されています。

### ●泣く子も黙る個人信用情報機関

　個人の「信用」について金融界、カード業界は驚くべきほど詳細な情報を集めています。良い情報（ホワイト情報）、悪い情報（ブラック情報）すべてを時系列に沿ってキチンと整理しています。お金を貸そうとする側は、その都度自社が加入している個人信用情報機関から必要なデータを引き出して参考にしているわけです。これらの個人信用情報機関には、業態別の厚い壁や情報漏れなどいろいろな問題があり、変遷を重ねてきました（詳しくは、第1部第5項参照）。

　現在は次の3つの信用情報機関が稼働しています。

①　全国銀行個人信用情報センター（全銀協）
②　㈱シー・アイ・シー（CIC）
③　㈱日本信用情報機構（JICC）

　日本人は、総じて自分の信用情報に無関心な人が多いようです。米国人は自分のクレジット・ヒストリーをとても大切にし、いざとなれば裁判沙汰も辞さない態度で臨んでいます。それは、カードの取引履歴が一度ブラックリストに載ると、健全な社会生活を送ることが脅かされることをよく知っているからです。

### ●子供の金銭教育におけるクレジットカードの位置

　日銀が中心になって展開している「家庭の子供金銭教育」の指針は、お金を貯めること、お手伝いをしてお金を稼ぐこと、クレジットカードの使用はできるだけ避けることなど、次に示すように6つの教えを示しています。この「クレジットカードの利用をできるだけ避けること」という教えはなかなか含蓄のある言葉です。カード業界は、「カードを使ってもらってナンボ」の世界です。業界の頭がよい人があなたにカードを使わせようとして知恵を絞っています。誘惑に負けない子供を育てることはとても大切なことです。次

のことを日頃から心がけたらよいと思います。
①　子供の失敗を叱らない。
②　貯金をすることを勧める。
③　お金を稼ぐことを教える。
④　現金で買うことを教える。
⑤　クレジットカード利用をできるだけ避ける。
⑥　寄付の大切さを教える。

●**クレジットカードの利用はまだ伸びるのか**

　いろいろな統計を調べてみると、日本は、札束払いの国ミャンマー（旧ビルマ）と同様、現金を持ち歩き、現金で支払うことを好んでいることが明らかになります。逆に言うと、日本はカードの使用率では世界中でミャンマーに次いで低い国です。その理由については後に詳しく説明しますが、最大の理由は、クレジットカードについての知識の度合いが低い、換言すればクレジットカードの教育が行き届かず、「カードは怖い」という意識がまだ国民（特に高齢者層）の間に根強く残っているからではないでしょうか。「あなたは現金派？、それともカード派？」、どちらになりますか。ここは思案のしどころです。

## 2 クレジットカードはこうして誕生した

　「たかがカード、されどカード」という言葉がよく耳に入ります。この『カード』は勿論クレジットカードを意味しています。あなたが旅行をする場合を考えてみましょう。ホテルの予約には、ほとんどの人がクレジットカードの番号の世話になっているといわれています。クレジットカードの普及には目覚しいものがあります。このクレジットカードはいつ頃世の中に出てきたのでしょうか。いろいろな説がありますが、その歴史を調べるには、まず、カードの定義をしっかり固めておく必要があります。

　「クレジット、すなわち信用」(cred、ラテン語で「われ信ず」の意味)の機能を持っていますが、まだ「クレジット」という名前で呼ばれていない「カード」と表面に「クレジットカード」という名前が刷り込んである「カード」との誕生にはかなりの開きがあります。前者は約100年前から登場しました。このカードをめぐる動きが徐々に「クレジットカード」に変貌し、約60年前に後者の誕生となりました。前者は日本と米国で、後者は米国で生まれてまもなく日本にやってきました。

　本項では、この根っこの動きを無視して「クレジットカード」というバラの花の誕生のみを追うのは意味がないと思いますので、根っこも、花も、とげもまとめてその足取りを追ってみましょう。なお、「クレジットカード」という言葉そのものは、1887年にEdward Bellamyが出版したユートピア小説(Looking Backward：顧みれば)で頻繁に使われていますが、これは当時の夢

物語です。本項とは関係ありません。

以下、米国と日本に分けて根っこに遡りそれぞれの誕生史における主な出来事を時系列に沿って追ってみましょう。

●米国の歴史

① 1910〜1920年頃から、石油業界やタクシー業界において、厚紙製（サイズ91ミリ×143ミリ）のカードが使われるようになりました。そして様々な企業がツケ売りを発展させていくうえで、個人情報を把握し、信用販売を円滑化するための工夫がいろいろと加えられていきました。当時、これらのカードは、フランク、コイン、あるいはチャーガプレートと呼ばれていました。

② 1915年、Western Union Co.（金融・通信会社）が厚紙製のクレジットカードサイズ（91ミリ×143ミリ）のカードを発行しました。表面に記載した会員が一定条件の下で電報を発信することができました。

③ 1950年、最初のクレジットカード専業会社、Diners Clubが設立されました。

④ 1951年、Franklin National銀行が、銀行として初めてのカード型のクレジットカードを発行しました。

⑤ 1958年、Bank of Americaがクレジットカードを発行しました。これがVISA International（現在のWorldwide）の前身となりました。

⑥ 1958年、American Express（AMEX）がクレジットカード業務を開始しました。

⑦ 1966年、Chase Manhattan銀行を中心に複数の銀行がInterbank Card Association（ICA）を設立しました。これが後日Master Chargeと名前を変え、1970年、さらにMasterCard International（現在のWorldwide）と名前を変えました。

⑧ 1985年、Discover Cardが設立されました。

●日本の歴史

分割払いまたは割賦という言葉を皆さん聞いたことがあるでしょう。クレ

ジットカードの原点です。19世紀末頃、丸善（呉服屋）が毎月集金という本格的なクーポン式月賦払方式を始めました。この方式を受け継いだのが丸井や日本信販です。余談になりますが、日本では呉服屋さんやお寺さん、酒屋さんが不思議と金貸しにつながっています。

　難しい話をちょっとします。日本には銀行法という法律があり、預金、貸付、為替業務を「固有業務」、固有業務以外で銀行法が定める業務を「付随業務」と位置づけており、これら以外の業務（たとえば、クレジットカード業務）は「周辺業務」として銀行本体が行うことを禁じていました。大企業重点主義、小口融資軽視のスタンスを打ち出した法律でした。このため、日本の銀行は米国の銀行と異なり、クレジットカード業務を自ら直接行うことができず、別に小さな会社を立ち上げてカード業務を行うことを余儀なくされてきました（余儀なくというより、むしろ無視していたようです）。当時の政府・銀行業界の大企業大口金融重視、小口金融軽視のスタンスが垣間見えます。今でも日本のクレジットカード会社が銀行系のカード会社と称され、「銀行系の4大柱、UC、DC、MC、住友カード」などと言われているのは、この法律に由来すると言われています。

　その後、続々と信販系、流通系、交通系等のクレジット会社が生まれてきました。本項では、特に必要がない場合は「〇〇系」という区別はつけずに、主なカード会社の誕生史を辿ります。後掲の図は、これらのカード会社の動き、浮き沈みをまとめたものです。興味のある方は左から右へとよく見てください。

① 1960年、富士銀行と日本交通公社が、日本ダイナースクラブを設立しました。これが、わが国におけるクレジットカード会社の第1号とする説が有力です。

② 1960年、丸井が割賦販売用のツールとしてクレジットプレート（赤いカード）を発行しました。

③ 1961年、三和銀行と日本信販が、日本クレジットビューロー（現JCB）を設立しました。

④ 1966年、日本信販がクレジットカードを発行しました。
⑤ 1967年、三菱銀行が中心となってダイヤモンドクレジット（DC）を設立しました。
⑥ 1967年、住友銀行が中心となって住友クレジットサービスを設立しました。
⑦ 1968年、住友クレジットサービスがBank of America（BOAアメリカ銀行）と提携し、海外専用の「住友カード」を発行しました。
⑧ 1968年、東海銀行が中心となってミリオンカード・サービス（MC）を設立しました。
⑨ 1969年、第一銀行、富士銀行、三井銀行、太陽神戸銀行、大和銀行、埼玉銀行などが共同してユニオンクレジット（UC）を設立しました。
⑩ 1969年、オリエント・コーポレーション、セントラル・ファイナンス、国内信販がそれぞれクレジットカードを発行しました。
⑪ 1978年、ダイエーがハウスカードとして「オーエムシー・カード」を発行（1983年「オレンジメンバー・カード」、さらに1987年「OMCカード」と改称）しました。
⑫ 1980年、日本におけるVISAカード発行会社の統括機関としてVISA JAPAN㈱が設立されました。1983年、VISA JAPAN協会に改組（2006年VJAに名称変更）しました。
⑬ 1983年、VISA Internationalが、VISA International東京事務所を設立しました。
⑭ 1989年、オムニカード協会が設立されました。
　1社がVISAとMasterCard両方の国際ブランドカードを発行することが可能になったことに伴い、VJ加盟会社がMasterCardブランドのクレジットカードを発行することができるようにするために設立されたものです。
⑮ 1989年、西武クレジット、「クレディセゾン」と商号を変更、VISA International、MasterCard Internationalと提携し、国際ブランドカード

を発行しました。
　（注）　1975年、西武百貨店、緑屋（月賦百貨店）と資本提携しました。

　　　　1976年、緑屋、西武流通グループの一員となりました。

　　　　1980年、緑屋、㈱西武クレジットと社名変更しました。

　　　　1982年、西武クレジット、グループの統一カードとして「セゾンカード」を発行しました。

　　　　1989年、西武クレジット、クレディセゾンと商号変更しました。

⑯　**1989年**、ジャックスがクレジットカードを発行しました。

⑰　**1990年**、MasterCard Internationalが、MasterCard International東京事務所を設立しました。

---

**【忘れがたき思い出①】　カード業界へ転身を打診されたこと**

　1971年、米国ニクソン大統領は、ドル防衛、インフレ抑制、景気刺激の3項目を内容とする声明を発表し、その結果、国際通貨制度は大混乱に陥りました。いわゆるニクソンショックです。この声明により、ドルに対する金の裏づけがなくなり、ドルの基軸通貨としての地位が揺らぎ、変動相場制度が登場してきました。国際通貨制度の激動期が始まったわけです。このような時期において、私は日本銀行外国局の一職員として、日夜多忙な仕事に追われていました。当時私の頭は、守備範囲である外貨準備と為替相場の動きで満杯になり、クレジットカードの「ク」の字にも思いを馳せる余裕も興味もありませんでした。数年後、私は人事部から呼び出されました。いわゆる肩たたきです。VISA International東京事務所への転出を打診されました。「カードの知識ゼロ」を理由に即座にお断りしましたが、VISAからのお誘いは執拗でした。人事部の偉い方から口説きに口説かれて、ついに最終回答までに3週間の猶予期間をいただきました。

## 2　クレジットカードはこうして誕生した

〔図〕大手クレジットカード会社の変遷図

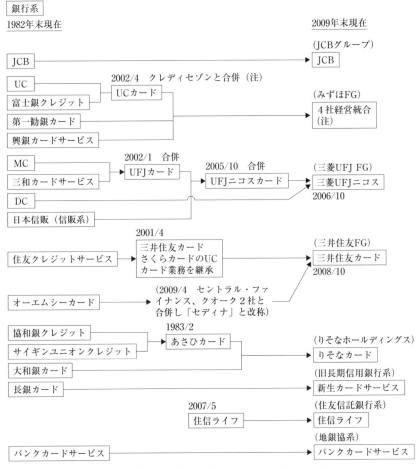

(注) しばらくはUCカードが代表格として4社のカード業務全般を担当。2002年4月1日、UCカードは以下のように業務分割しました。
　① カード発行業務：UCカード
　　　2006年クレディセゾンがユーシーカードを合併し、㋐ユーシーカードが発行していたUCカードはセゾンが発行、㋑ユーシーグループ企業（30社）が発行するUCカードは従来どおり各社が発行。
　② プロセシング業務：㈱キュービタス
　③ 加盟店管理：UCカード

## 3 クレジットカードのことをよく知る

　クレジットカードは、「支払手段の1つ。クレジットカード会社が会員に後払いの条件で、信用を保証・提供するために発行するカード」と定義されています。会員はサインをするだけで、カード会社の加盟店から一定限度内で買物ができます。クレジットカードの発行枚数は2014年3月末現在で2億6,722万枚です。1人当たり（18歳以上）の保有枚数は2.6枚となります。

　「たかがカード、されどカード」とよく言われます。ただ1枚のプラスチック製のカードを手に取ってじっと見詰めても何の変哲もありません。しかし、その深層に一歩足を踏み込むと迷宮に入ります。カードにはありとあらゆる知恵と工夫が凝集され、そのカードは、世界中を股にかけて動き、統一されたルールに支配されています。しかも、カードは犯罪にきわめて悪用されやすい代物です。悪用を防ぐため、多彩な防犯措置が講じられています。しかも、これらの措置がさりげなく講じられており、その工夫には感じ入るばかりです。犯罪者がカードを悪用しようとすると、まるでアルマジロのようにくるりと体を丸めて身を守ろうとします。悪人たちはその固いよろいの隙間を探し出し何とかしておいしい中身を頂戴しようと頭を絞ります。犯罪者とカード会社のイタチゴッコのせめぎ合いが日々繰り返されています。

　本項では、このクレジットカードをいくつかの切り口から眺めて、おぼろげながらも、その全貌に迫りたいと考えます。

## ●カードの種類と分類

〔カードとクレジットカード〕

「カードの種類は？」と聞かれると、あなたはすぐに「クレジットカード、デビットカード、プリペイドカード、そしてポイントカードの4種がある」、とお答えになるでしょう。正解でしょう。それでは一歩進んで、「クレジットカードの種類は？」と尋ねられると答えられる人は少なくなるでしょう。私も正直言ってよくわかりません。数え切れないほどの種類があります。そこで、記憶を振り絞って頭の中に浮かんできたものを一定の代表的な基準によって分類し、主なカード名を並べてみました。この方法では、各基準に属するカードが重複し、その数やトータルの数字が出てきません。

しかし、おぼろげながら、クレジットカードにはどんなものがあるのか、その全体像を掴むことができるのでないかと思います。この分類基準がすべてであるわけでは決してありません。もっとあるはずです。ご存知の方は教えてください（なお、シングルカードというカードがありますが、これはゲーム用のカードでクレジットカードではありません。一方、ダブルカードはクレジットカードです。ややこしいですね）。

〔クレジットカードの分類基準〕

まず、私なりに分類基準を決め、それに当てはめて代表的なクレジットカードの名前をリストアップするやり方をとってみました。あなたはどの基準に属するカードを使っていますか。探してみましょう。

① 銀行系　　三井住友カード、三菱UFJニコスカードなど
② 郵貯系　　日本信販・郵貯ジョイントカード→ゆうちょ銀行カード（キャッシュカード）とクレジットカードが一体化したカード
③ 信販系　　オリコカード、セディナカード、ジャックスカードなど
④ 流通系　　クレディセゾンカードなど
⑤ 交通系　　View・Suicaカードなど
⑥ 航空会社系　　JALカード、ANAカード

⑦　メーカー系　　トヨタカード、出光カードなど
⑧　家電量販店系　　ヨドバシGold Point Card、ビックカメラカードなど
⑨　IT系　　楽天カードなど
⑩　外資系　　Citi Bankカード→ゴールド、ダイナース、ドルカードなど（注）8種類のカードが発行されています。
　　　　　　　中国→銀聯カード
　　　　　　　米国→Discoverカード
（注）　三井住友信託銀行は、2015年3月、アメリカのシティグループの日本でのクレジットカード事業（ダイナースクラブカードとシティカード）を買収したと発表しました（朝日新聞2015年3月28日）。

〔国際ブランドとの関係〕
・VISAとMasterCard　　フランチャイズ制をとり、加盟しているカード会社に自社ブランドのクレジットカードを発行させる仕組みをとっています。
・JCB、AMEX　　自社本体が自社ブランドのカードを発行しています。
　なお、Dinersは株主が変わったことにより、現在はCiti BankがDinersの名を付したカードを発行しています。

〔クレジットカードの形状を知る〕
　米国で初めてカードが発行されたときは、材質は天然紙の表面に白色顔料を塗ったものでした。その後、プラスチック（ポリ塩化ビニル樹脂）が使われるようになり、最近では、環境にやさしいポリエチレングラートが使われるようになりました。1958年、米国で初めてプラスチックカードが発行されました。日本では、1961年、日本ダイナースクラブがプラスチックカードを初めて発行しました。

〔サイズ〕
　標準サイズと変形サイズとがあります。VISAやMasterCardなどの国際ブランドはカードの大きさを厳しく決めています。縦85.72mm、横54.03mm、厚さ0.76mm、角の丸み半径3.18mmです。この縦の長さと横の長さの比率を黄金比率（注）といいます。最も持ちやすく、縦横のバランスがとれたサイズ

です。この言葉はギリシャ時代から使われだし、文献上は1835年、ドイツの数学者の著書に初めて登場しました。

　この標準サイズに対し、変形サイズがあります。ずっと小型になり、馬蹄形型やキーホルダーや携帯電話にぶら下げやすくしたサイズもあります。2004年にある大手カード会社が発行したことがありましたが、あまり流行りませんでした。しかし、今後は、ウエアラブルスマートフォンの進化により、変わった形、たとえば腕時計型、万年筆型などのクレジットカードが登場してくるかもしれませんね。

　　（注）　まずABCD４点を結ぶ正四角形を描き、底辺BCの中間点Mと四角形の右肩Dを結び、Mを支点としてMDの長さを半径とする円を描き、その円の弧とBCの延長線とが交わる点をEとして、長方形ABEFを描いてください。この長方形の縦と横の比率が黄金比率です。

〔情報収納力＝MTとICチップ〕

　カードの表または裏にカード会員の個人情報を収納する入れ物があります。「磁気テープ＝MT」または「ICチップ」といいます。前者に書き込まれうる最大文字数は72〜79文字、後者に入力できる文字数は最大で32KBで16000字です。MTはカードの裏または表に貼り付けられ（MTカード）、一方、ICチップは原則として表に埋め込んであります（ICカード）。ICチップのほうが情報集収能力やセキュリティの点で圧倒的に優れていますが、製作コストの関係があります。

　また、すでに世の中に出回っているクレジットカードを、自動車のようにリコールして呼び戻し、ICカードに切り替えるという荒療治もできません。ぜんぶがICカードになるのはまだまだ先のことでしょう。2014年７月９日、経済産業省は政府として初めて、東京オリンピックの2020年までに国内で流通するすべてのクレジットカードをICチップ化する努力目標を発表しました。

## ●クレジットカードの利便性とは

〔カードの目的と機能〕

　カード会員が、社会的に偉い人か、お金持ちか、学生か、普通のサラリーマンか、個人か、法人か、あるいは特別な目的を持つ、たとえば福祉事業関係者か、等で主として色により区別されて発行されます。一般的には、スタンダードカード、ゴールドカード、ブラックカード、プラチナカードなどの区分があります。

　大別すると、個人専用、法人専用、個人事業者専用（ビジネス）、福祉専用等のカード、それと提携カードなどがあります。目的別に細分すると次のようなカードがあります。

① 業態別カード発行会社のカード
② スタンダードカード　特に目的のないバランスのとれたカードです。
③ 年会費が無料のカード
④ 通信系のカード　携帯電話やプロバイダなどの通信料を節約するカードです。
⑤ 音楽系カード　チケット予約ができる特典があるカードです。
⑥ キャラクターカード　お気に入りのキャラクターを印刷したカードです。
⑦ ヤングゴールドカード　20代の人も作りやすいカードです。
⑧ 学生クレジットカード　学生向けのカードで、年会費やサービスに特典があります。
⑨ ステータスカード　ゴールド、プレミア、ブラックのカードなどがあります。
⑩ 海外取引に強いカード　外貨預金、為替取引、投資信託などの資産運用に便利です。

〔カードの機能〕

① 金融機能　キャッシング、ローンサービスがあります。
② ショッピング（後払い）機能　今手元に現金がなくてもすぐ商品が

買えます。
③　決済機能
④　ID（身分証明）機能
⑤　会員制機能
⑥　記録機能
⑦　安全機能　　多額の現金を持ち歩かなくてすみます。
⑧　情報機能
⑨　システム対応機能　　ATM、信用照会端末機、POS端末機に対応できます。

〔カードの利用範囲〕

使用できるのは国内だけか、外国に持っていっても使えるか、の区別です。業界が幼年期であった頃は、発行されるカードはすべて国内使用onlyでした。海外取引の自由化が進み、カード会社も成長し、海外でも使用できるカードが発行されるようになりました。このカードは、通常、表に「international」と表示されています（この表示のあるカードは世界中で日本と韓国だけです）。

● カードの決済方法とは

クレジットカードの決済システムは多岐に分かれています。基本的なものとしては、国際ブランド会社の多通貨決済制度、わが国固有の自動振替決済制度、全国銀行決済システム、日銀ネット決済システムなどがあり、カードそのものの決済機能としては、翌月一括払い、分割払い（回数を指定するやり方を含む）、ボーナス払い、リボ払い（定額リボ払い、定率リボ払い、残高スライド定額リボ払いの3種があります）、フレックス払い（リボ払いの一種、会社が決める最低限の金額さえ支払えばある月の支払金額を会員が自由に決めることができます）、前払いなどの決済方法があります。

どの決済方法を選択するのかは原則としてカード会員が決めます。ただ米国では、普通に発行されるクレジットカードはすべてリボ決済となっているようです。決済業務については、カード会社に代わってカード取引の決済を行う決済代行業者が活躍しています。さらに、決済制度そのもののほかに、決

済のデータを運ぶ決済チャネルという重要な仕組みも見逃せません。決済の制度は多岐に分かれ複雑ですので、項を改めて（第1部第10項）説明します。

### ●審査基準とは

前にも述べましたが「3つのC」という言葉があります。英語の3つの単語、character、collateral、capacityの頭文字Cを意味しています。

昔は、カード会社のベテラン審査員がカード会員になりたい申込人に面談し、3つのCの基準に照らして質問し、その結果によって申込みをOKするか否かを決めました。Characterは申込人の性格、collateralは担保力、capacityは支払能力です。審査員はface to faceで予断を持たずに白紙で臨みます。警察用語でいう職質や尋問に比べれば、一歩手前の質問というところです。申込人は将来カード会社にとって「良い会員」か「悪い会員」かどちらかになります。ここで、第1項に書きました「カードを持ちたい人」と「持ちたくても持てない人」が識別されるわけです。この仕事にはどうしても主観が働きます。審査人のご機嫌がいいときと悪いとき、申込人の人相がいいときと悪いときなど、審査人が複数で働いているとどうしても判断に差が出てきます（米国では、不合格になった人が怒って裁判沙汰にしたケースがあります）。

この欠点を是正するために考え出されたのが「スコアリングシステム」です。このシステムは、第2次世界大戦中に米国で開発され、その後改良されて現在に至っています。申込人の信用をその人の属性（年齢、居住状況、勤務状態、年収等）と個人信用情報機関のデータを使って、計数的に判断するものです。最初は手計算で行われていましたが、現在は電子的に行われ、客観性が保証されています。システムの中身は非常に複雑で統計学的に組み立てられています。

### ●インフラ設備との関係

infrastructure、日本語訳「下部構造、社会資本設備」の意味で、具体的には輸送通信設備、鉄道、発電設備、学校などを指します。略して「インフラ」といいます。ここでまたちょっと脱線しますが、日本人は、横文字（ほとんどが英語で、少しフランス語）をやたらに取り入れたがる国民性を持っている

ようです。言葉だけでなく、デザインやTシャツの飾り文字、ダンプカーのドテッパラにまでアルファベットを書き込んで得々としています。そしてその英語の綴りがときどき間違っているものもあります。綺麗な日本語がドンドン乱れていきます。嘆かわしいことです。

　さて、クレジットカード業界はインフラ産業と言われています。たった1枚のカードを発行するカード業界がなぜインフラ産業なのでしょうか。カード業界のインフラ設備とはどのようなものでしょうか。日本中の端から端まで縦横に回線（電線）が張り巡らされ、その先に信用照会端末機、POS端末機、ATMが接続され、それぞれが百貨店、スーパー、金融機関、郵便局などに置かれています。それら全体をカード業界のインフラ設備と言います。しかもこの回線は、国際カードブランド会社によって世界中に張り巡らされている回線にも接続されています。以上が狭義のインフラです。広義のインフラにはさらに、カード会社が年月をかけて築き上げてきた加盟店網と国際ブランドカード会社による厳しい検査をパスし設備を整えてきた公認印刷業者を加えたいと思います。

## ●クレジットカードと保険
〔クレジットカード関連の保険〕

　クレジットカードの保険は自動付帯保険と特約保険とに分けられます。「付帯」とは、主なものに付け加えるという意味です。自動付帯保険とは、クレジットカード会員が特に保険料を支払わなくても補償が受けられる保険です。特約保険は、会員がカード会社に特別に依頼し、保険料を自己負担してカードに付けてもらう保険です。ところで、クレジットカードの付帯保険では、事故にあった人が個々に保険会社に保険事故を報告し、同社から直接保険金を受け取る仕組みになっているのでしょうか。実務社会でこのような面倒な手続は成り立ちません。事故にあった人はカード会社に報告します。すると、カード会社が保険金相当額を会員に支払います。つまり、カード会社が保険会社に代わって保険金を代理払いするのです。カード会社は、個々の事故ケースを一定期間保留し、これをまとめて保険会社に報告・処理するわ

けです。

〔クレジット会員規約上の保険の取扱い〕

　クレジットカード会社のカード会員規約の代表として、JCBカード、三井住友カード、およびセゾンカードの3つを選び細かく書かれた条文を読んでみました。

・JCBカード
　　第40条　カードの紛失、盗難による責任の区分
　　第41条　偽造カードが使用された場合の責任の区分
・三井住友カード
　　第13条　紛失・盗難・偽造
　　第14条　会員補償制度
・セゾンカード
　　第15条　カードの紛失・盗難等
　　第22条　その他承諾事項（偽造カードの調査依頼には協力いただく。免責云々の文言なし）

〔クレジットカード保険の種類〕

　クレジットカード関連の保険をbeneficiary（ベネフィシアリ、保険金受取人）別にみると、次の3つの種類に分類されます。

　　（1）カード会員をベネフィシアリとする保険

　主なものを以下にリストアップしておきます。

・紛失・盗難保険　　届けた日から60日前にさかのぼり、その日以降に不正使用された損害をカード会社が負担します。この保険は、適用される場合と適用されない場合とが峻別されていますから要注意です。
・国内旅行保険　　死亡・後遺傷害の被害を補償します。
・ショッピング保険　　カードで購入した商品が破損、盗難、火災などの偶発事故で損害を被った場合、被害を補償します。
・シートベルト保険　　シートベルト着用時の交通事故に対する保険です。
・海外旅行保険　　「死亡・後遺傷害」、「治療費用」、「賠償責任」、「携行品損

害」、「救援者費用」の5種類をカバーします。自動付帯、特約付帯、家族特約の3つがあります。
・スポーツ傷害保険　他人を傷つけたときに備えた保険です。
・ゴルフ保険　ホールインワン、クラブ破損等に備えた保険です。
・クレジットセイバー　クレジットカード会員が死亡した場合、債務残高の支払いを免除する保険です。

　　（2）　加盟店をベネフィシアリとする保険

チャージバック補償団体保険といわれる保険です。
・楽天　2015年2月1日実施
・GMOペイメントゲートウェイ㈱　2015年3月15日実施

　　（3）　カード会社をベネフィシアリとする偽造カード保険

1980年代、MasterCard Internationalがメンバーに対して適用していた保険制度です。その仕組みは以下のとおりでした。
・保険契約者　　MasterCard International
・保険会社　　ロンドンのロイズバンクを中心とする銀行団
・被保険者　　MasterCardのメンバー会社
・審査方法　　本部の職員が年に1回来日し、数日間滞在して、MasterCard International東京事務所でメンバーが持ち込む必要書類を1件ごとに審査します。審査は大変厳しく、日本のカード会社の担当者との間で丁々発止のやりとりが深夜まで続くことが普通でした。立ち会った私があきれ果てるような細かな点まで審査の対象となっていました。

この制度は、北海油田火災、大型タンカー事故、湾岸戦争の勃発等でロイズ銀行が赤字に陥り、1990年代初めに終了しました。現在この制度が復活しているかどうかはわかりません。

〔偽造カード保険〕

　偽造カード保険は、カードの偽造や不正使用により生じたカード所有者の損害を一部または全部を補償する保険です。

　キャッシュカードについては、当初、銀行は、民法478条を楯にとって預金

者に補償しないスタンスを取っていましたが、2006年の預金者保護法成立以降、預金者側に重大な過失があると銀行側が証明できる場合を除き、原則として補償するようになりました。クレジットカードについては、前述したように、カード会員規約でカードの紛失・盗難等の補償が定められていますが、大手数社の規約を詳しく読んでも、偽造カードの補償については明文の規定はありません。「等」に偽造カードが含まれているのかもしれませんが、よくわかりません。各社ともケースバイケースで処理しているようです。

なお、一部の石油系カード会社が、ガソリンスタンドで偽造カードが使われた場合の損失を補償する制度がある（あった？）と伝えられていますが、確証を見つけることはできませんでした。

### ●不正行為対策

カード会社にとって、最も大切な対策は偽造を防ぐ対策です。カード面上だけでも、ホログラム、書名欄の特殊加工、特殊文字の埋め込みなど、いろいろな工夫が施されています。このほか、業界のインフラ設備、すなわち信用照会端末、POS端末、ATMなどにも様々な対策が加えられています。

---

**【忘れがたき思い出②】カード業界への転身決意までのこと**

コラム①（12頁）で述べた3週間の猶予期間を利用して、私は「カードとは」の勉強を始めました。某大学の非常勤講師をしていた縁でよく通った国会図書館で、クレジットカードのイロハから調べ始めました。日銀時代に知り合ったバンカーズトラスト銀行東京支店の支店長さんの紹介で、アメックス銀行東京支店長さんを尋ね、芝・高輪の軍艦ビルに居を構えたAMEXのカード部長さんに教えを請いました。VISAへ入ろうとする男が、のこのことライバルのAMEXへ飛び込んで教えを請うわけです。部長さんは、親切に話をしてくださいました。このような勉強を通じ、カードと取り組む熱意がしだいに固まってきました。「たかがカード、されどカード」となる苦しみを痛感する時代の幕開けとなりました。しかし、苦しみの反面、得がたい機会にもめぐり合うこともできました。

## 4 クレジットカード業界に登場してくる人物とは

　本項は、クレジットカード業界という舞台に登場してくる役者さんを紹介しましょう。
　「役者」といえば　歌舞伎の花形役者、映画の大根役者、端役、その他大勢、などを思い出す方が多いでしょう。
　しかし、カード業界に登場する役者は一部の公権力を持つ監督官庁を除き、皆が平等な立場に立ってそれぞれ重要な役割を果たしています。大根役者はあまりいません。強いて大根役者といえば、カード取引の支払いを踏み倒して逃げ回るカード会員でしょうか。なお、悪役を演じる役者がいます。これはカード関連の不正行為の犯人です。この人たちについては、ここでは取り上げません。項を改めて説明します（第15項参照）。

それでは、以下に、様々な登場人物を紹介していきましょう。

### ●クレジットカードを支える人物

〔国際ブランドカード会社〕

　アルファベット順で、American Express東京、JCB、MasterCard Worldwide東京、VISA Worldwide東京の4社があります。

〔法律〕

　クレジットカードを専門に規制する単独の法律はありません。断片的に関係のある主な法令としては、割賦販売法、貸金業法、出資法、預金者保護法、個人情報保護法、サービサー法、不正アクセス禁止法などがあります。

〔クレジットカード会社〕

　クレジットカード会社が、帰属する業態別に銀行系、信販系、流通系、交通系などに分類されているのは皆さんご存知のとおりです。これらのカード会社は、銀行の再編劇の中で大きな渦に巻き込まれて変貌を余儀なくされました。一昔前に活躍していた大手のクレジットカード会社で、いまでも昔の名前で登場している会社は極めて少数です。ほとんどの銀行系や信販系のカード会社が、銀行の再編から生まれた4つのフィナンシャル・グループの傘下に収まりました。その詳しい動きについては第2部第3項（154頁）を読んでください。

〔提携カード発行会社〕

　提携カードとは、自社が直接カードを発行するのではなく、専門のカード会社と手を組んで発行するクレジットカードのことです。なぜ提携カードが発行されるのでしょうか。自社の力ではカードを発行できない企業、発行できてもわざとカード業務を専門業者に任せてカードを出す企業などいろいろな営業政策が入り混じっていると考えられます。現在発行されているクレジットカードは約2億6,722万枚と言われています。カードの種類は無数にあり、この約2億6,000万枚のうち、カード会社が発行するカード（プロパーカード）が何枚で、提携カードは何枚か、その内訳はわかりません。とにかく、総発行枚数を押し上げたのがこの提携カードです。

〔銀行〕

　銀行の再編劇については第2部第2項・3項を参照してください。ここではちょっと脱線して、銀行の新しい動きに注目しておきましょう。金融庁のいわゆるネット銀行を主体とする「新しい形態の銀行」、並びに最近メディアを賑わした「BITCOIN」と「影の銀行」です。正体はつかめませんが、何やら不気味な将来性を持っているようで目が離せません。

〔ゆうちょ銀行〕

　政界を揺るがした郵政民営化の動きについては、第2部第4項で詳しく述べます。郵便局と郵貯カードは、クレジットカード業界の発展に大きく貢献

した立役者の1人でした。銀行界からは何やら今でも敵視されているようですが、日本信販と郵政省が提携した郵貯ジョイントカードとわが国の国内onlyのATMを国際化した郵政省の功績は不滅です。

〔金貸しの親玉〕

題目がややどぎつくなりました。日本の財閥もカード業界のひのき舞台で見栄を切った大物役者の1人でした。財閥と金貸し・クレジットカード会社の関係については第2部第2項・3項で述べます。また脱線して要らざることをしゃべってしまうようですので、ここでストップします。

### ●クレジットカードの周縁を支える人物

〔クレジットカード会員〕

一般社会の消費者で、カード会社に対してクレジットカードを申請し審査をパスして、カード会社からクレジットカードを貸与された人のことです。

〔加盟店〕

クレジットカード会社の厳しい審査をパスしてカード会社と提携し、商売をして売上伝票（後払い）をカード会社に提出して、すぐに代金を受け取る商店です。加盟店について、今日では考えられない3つの面白い話をしておきます。

① 「カード what？」「カード who？」の話です。約50年前、クレジットカードがようやく世の中に登場し始めた頃の話です。世の中の企業がまだカードの知識を持っていませんでした。カード会社の営業担当者が、百貨店に加盟店契約の話を持っていっても、百貨店側はけんもほろろの態度でした。営業担当者は泣いたということです。

② 個々のカード会社側には、「苦労して口説いてやっと加盟店になってもらったのだ。ライバルのカード会社に利用されてたまるか」という気持がありました。囲い込みの気持はわかります。しかし、国際ブランドカード会社は、「この加盟店をすべてのカード会社に開放せよ」と迫ります。両者の間に激しいせめぎあいが起こりました。最後にカード会社側が渋々納得しました。

③　不良加盟店というのがでてきました。悪いことをする商店です。この話は後でいたしましょう（第1部第15項参照）。

〔カードの印刷所〕

　クレジットカードを製造する印刷業者のことです。国際ブランドカード会社の厳しい審査をパスし、決められたとおりの設備を施してやっと認定工場としての許可が下ります。Authoraized Printerと呼ばれます。大日本印刷、凸版印刷、共同印刷などがこれにあたります。

〔決済機関〕

　国際的には国際ブランドカード会社が運営する多通貨決済制度、国内的にはVJA（VISAカード発行会社の統括機関）の決済機構、銀行の自動振替制度などがあります。

〔インフラ・メーカー〕

・信用照会端末機、POS　　NTTデータ通信、富士通、沖電気工業、日本オムロン、NECなどがあります。

・ATM　　沖電気工業、富士通、日立製作所などがあります。テラオカは、ATMなどの重量物を搬送・設置するノウハウを持つことで有名です。

●クレジットカードを支える脇役

〔個人信用情報機関〕

　貸金業法による指定個人信用情報機関制度の下で、全銀協、シーアイシー（CIC）、日本信用情報機構の3社とこれらを結ぶネットワークとしてCRIN、FINEが活躍しています。

〔ATM〕

　金融機関、郵便局、百貨店、量販店、コンビニなどに2013年3月末現在で総数18万8,940台のATMが設置されております。

〔クレジットカード代行業者〕

　カードの発行業務、決済業務、加盟店開拓業務を本社に代わって行う会社です。昔、郵政省が初めて郵貯カードを発行したとき、カード業務はすべて提携したカード会社に任せました。いわゆる「まる投げ」です。高島屋と日

本信販とが手を組んで発行したカードが提携カード第1号と言われています。

〔業界団体〕

　全国銀行協会、日本クレジット協会、全国信販協会、全国貸金業協会連合会、日本消費者金融協会、公金クレジット決済協議会、日本クレジット・カウンセリング協会などがあります。

〔カードの規格を決める機関〕

　JIS/ISO、国際ブランドカード、銀行郵貯ICカード規格共通化検討委員会があたります。

〔業界の監視役〕

　警察庁、警視庁組織犯罪対策部組織犯罪特別捜査課、警視庁生活安全部ハイテク犯罪対策総合センター、金融庁監査部銀行監督課金融会社室、日本カード情報セキュリティ協議会（PCI DSSの普及と啓蒙活動に従事）があたっています。

〔回線〕

- **クレジットカード取引のデータを運ぶ回線**　全銀システム、VISANET、CARDNET、CAFIS、NTT回線があります。
- **ATM回線**　BANCS、SCCS、ACS、しんきんネット、NICE Systemsなどが業態別にありましたが、現在はBANCSに統一されました。

〔コンビニ業界〕

　コンビニ業界はサービス・ステーション化が進んでいます。コンビニATMが大手コンビニの店舗に広く設置されています（2015年3月末現在3万4,327台。イーネット社とセブンイレブンとの合計）。また、各店舗には、クレジットカードや電子マネーカードの読み取り機が急速に設置されつつあります。

# 5 泣く子もだまる個人信用情報機関

> 割賦販売法は、個人信用情報を「購入者の支払い能力に関する情報」と、また、信用情報機関を「信用情報の収集並びに割賦販売業者等に対する信用情報の提供を業とする者」と定義しています。一方、貸金業法は、信用情報機関を「資金需要者の借入金及び返済能力に関する情報の収集及び貸金業者に対する当該情報の提供を行う者」と定義しています。

### ●クレジットカードと個人信用情報機関

個人信用情報機関は、「レンダーズ・エクスチェンジ」と「クレジット・ビューロー」の2つのタイプに分けられます。前者は、「せっかく苦労して集めた情報をライバルには渡したくない」と考え自社が属する業態の同業者に限って情報を交換する機関（閉鎖型）です。後者は、業態への帰属如何にかかわらずすべての消費者信用業者に情報を提供する機関（開放型）です。わが国においては、全国銀行個人信用情報センター（KSC、銀行系）と全国信用情報センター連合会（FCBJ、消費者金融系）がレンダーズ・エクスチェンジ型であり、設立母体がいろいろな業態に分かれるCICがレンダーズ・エクスチェンジの性格を有するタイプ、そして、独立系のCCBはクレジット・ビューロー型に該当します。

アメリカでは、1970年代にはほとんどのレンダーズ・エクスチェンジ型の機関がクレジット・ビューロー型へ移行したと伝えられていますが、日本では、最近になってようやくクレジット・ビューロー型への移行が始まってきました。

**5 泣く子もだまる個人信用情報機関**

〔表〕現在活躍している個人信用情報機関

| 機関名　項目 | 全国銀行個人信用情報センター（全銀協） | ㈱シー・アイ・シー（CIC） | ㈱日本信用情報機構（JICC） |
|---|---|---|---|
| 1.組織形態 | 一般社団法人全国銀行協会が設置・運営 | 会員会社等が株主となる株式会社組織 | 会員会社等が株主となる株式会社組織 |
| 2.創立時期 | 1988年10月（各地銀行協会のセンターを統一） | 1984年9月（営業開始は85年4月） | 1986年6月 |
| 3.会員会社数 | 1,234社（△0.6） | 985社（△1.4） | 1,448社（0.6） |
| うち貸金専業者 | 0社（ー） | 68社（△1.4） | 885社（△3.3） |
| うちカード会社・クレジット会社 | 12社（0.0） | 265社（△3.6） | 91社（△1.1） |
| うち預金取扱金融機関 | 1,104社（△0.7） | 440社（△1.1） | 231社（16.7） |
| うち保証会社 | 114社（0.0） | 118社（0.0） | 121社（0.8） |
| うち公的金融機関 | 2社（0.0） | 1社（0.0） | 0社（0.0） |
| うちその他 | 2社（0.0） | 93社（2.2） | 120社（4.3） |
| 4.保有情報量 | 約8,474万件（1.6） | 6億5,336万件（4.8） | 約3億1,844万件（12.0） |
| うち事故・異動情報 | 約168万件（△7.2） | 1,431万件（0.3） | ー（ー） |
| | （注）事故・異動情報は、官報・不渡情報を除く。 | | |

※（　）内は前年同期比増減率を、また、JICCの（ー）は非公表を意味します。

（月刊消費者信用2014年9月号より）

### ●個人信用情報の中身

驚くほど多くの情報が保存されています。主なものは次のとおりです。

① 個人を特定するための情報（属性情報）

② 契約情報　契約の内容、貸金業者名、契約日、金額、貸付形態、返済回数等

③ 返済状況についての情報

④ 割賦情報

⑤ 金融情報

⑥ 事故情報　延滞、金融事故等

⑦ 加盟会社による信用情報の使用歴

⑧ 本人申告事項、など

### ●2000年代初期までの個人信用情報機関

上表に示した各機関ごとにその内容を簡単に説明しておきます。

・全国銀行個人信用情報センター（KSC＝全銀協JBAの改組前の名称）　全銀協が運営する閉鎖型の銀行系信用情報機関として1988年10月に設立されました。会員は一般会員（全銀協に加盟する銀行）と特別会員（一般会員以

外の銀行、法令によって銀行と同一視される金融機関、政府関係金融機関、銀行系クレジットカード会社（**注**）、一般会員の推薦を受けた機関、ゆうちょ銀行）とに分けられています。

　　（注）　三井住友カード、三菱UFJニコス、クレディセゾン等の大手クレジットカード会社は、2009年に脱退しました。

・㈱シーアイシー（CIC＝Credit Information Center）　日本割賦販売協会、日本信用情報センター、全国信販協会の各信用情報機関を一本化して1984年に設立された閉鎖型の信販系信用情報機関です。クレジットカード会社、信用保証会社、各種メーカー、リース会社、消費者金融会社、労働金庫等を会員としています。

・全国信用情報センター連合会（FCBJ＝Federation Credit Bureau of Japan）　1976年に設立されました。1980年、「全国信用情報センター」と改称され、全国33の個人信用情報機関の連合体となりました。会員は主として消費者金融会社（登録されている街金融を含む）で、会員数は2,500社を超えます。貸金業法改正に伴い2009年、㈱テラネットに事業を引き継いで解散しました。

・シーシービー（CCB＝Central Communication Bureau）　既存の信用情報機関に加盟できない外資系消費者金融会社等が1983年に㈱セントラル・コミュニケーション・ビューローを設立し、2000年に㈱シーシービーと社名を変更しました。信販会社、一部の金融機関、消費者金融会社、リース・ローン会社が加盟した日本初の業態横断型の独立系信用情報機関です。2009年、日本信用情報機構により吸収合併されました。

・㈱テラネット　1990年代後半、全国信用情報センター連合会（全情連）に加盟できないクレジットカード会社と銀行系消費者金融会社が、全情連のデータ（借入件数のみ）を参照できるようにするため設立され、2000年に運用を開始しました。2009年、商号を「㈱日本信用情報機構」と改称しました。テラネット加盟会社は、借入人の全情連登録情報のうち借入件数のみを閲覧できる仕組みとなっています。JCB、DCカードグループ、UFJカードグループ、シティカード・ジャパン、クレディセゾン、イオンクレジ

ットサービス、オーエムシーカード、東急カード等が加盟しています。
・**日本信用情報機構**（JICC＝Japan Credit Information Reference Center）
前身は全国信用情報センター連合会（全情連）です。2009年、㈱テラネットから業務を継承し発足した消費者金融系の貸金業法指定信用情報機関です。会員は、消費者金融会社、商工ローン会社、㈱ジャパン・データ・バンク、クレジットカード会社などで、その他の中小規模の金融会社も一定の条件を満たせば会員となることができます。さらに、1990年代前半から入会資格が緩和されて信販会社にも門戸が開放されました。会員からの情報がリアルタイムで伝達されるシステムになっているので、他の信用情報機関に比べキメ細かい情報が登録・提供できる点並びに厳重なデータ漏洩防止・監視策が特徴とされています。
・**CRIN**（＝Credit Information Network）　1987年、大蔵省と通産省の指導の下、全銀協、全情連、日本クレジット産業協会によって構築された情報交流ネットワークです。全銀協、CIC、全情連間の情報（延滞、代位弁済、紛失・盗難情報や同姓・同名の別人情報などの本人申告情報）を交流します。
・**FINE**（＝Financial Information Network）　貸金業法に基づき、CICとJICCとの間の顧客の総借入残高データを交流するために2009年8月にスタートしたネットワークです。

### ●閉鎖型から開放型へ

閉鎖型から開放型への動きは、以下に示すとおり少しずつ進んでいるようです。

①　1983年、CCB設立
②　1986年、テラネット設立
③　1987年、CRINネットワーク発足
④　2009年、貸金業法に基づく信用情報機関の指定制度発足
⑤　2009年、FINEネットワークがスタート

しかし、個々のデータの登録基準が各機関ごとに異なることもあり、自由な個人情報交流構想はなかなか思惑どおりには進展していません。最近、個

人信用情報の大量流失がメディアで大きく報じられています。「無理やりに開放型の情報機関の創設に突き進んでよいのか」という慎重論も聞こえてきます。貸金業法および割賦販売法の改正により、上限金利の引下げと過剰貸付の防止を目的とした総量規制が導入されました。個人信用情報機関が消費者信用市場において果たす役割は、今後ますます大きくなっていますが、同時に情報流出の危険も高まっています。

### ●個人情報保護法と個人信用情報機関

最近、ベネッセをはじめとした個人情報の大量流出がメディアの格好の話題となっています。個人情報保護法の規制対象の最たるものとして、上述した個人信用情報機関のセキュリティ対策はどうなっているのでしょうか。各機関とも次のとおり、それぞれ自主ルールを設け万全の対策を実施していると称しています。

① KSC 「個人信用情報の保護と利用に関する自主ルール」を作成
② CRINのKSC、CIC、JICC 3社協議会が「情報交流の実施に関する個人情報保護方針」を策定

一方、「個人信用情報機関を開放型にすると、情報流出の可能性が高くなる」という声も聞こえてきます。IT技術がその答えの鍵を握っていると言えましょう。

# 6 提携カードはこんなに便利

　広辞苑によれば、「提携」とは、「手を取り合って互いに助けること」と定義されています。カード業界では、「提携カードとは、クレジットカード会社が他の企業や団体と提携して発行するクレジットカード」のことを言います。提携カードに対して、「プロパーカード」という名称があります。これは、クレジットカード会社が単独で、自社のブランド・ロゴのみを付して発行するクレジットカードのことで、カードの初期時代では、クレジットカードと言えばプロパーカードを意味していました。しかし、その後、提携カードが登場し、現在ではクレジットカードの主流は提携カードになっています。

　なお、国際ブランドカード会社のメンバー（国際ブランドカード会社と提携している）が、自社のブランドと国際ブランドカード会社のロゴとを付して発行しているカードは、形式上では提携カードのようですが、提携カードとは呼ばれていません。

### ●提携カードはなぜ誕生したのか

　まず第一の理由としては、カード社会が成熟してきたことがあげられます。その基盤の上に立って、クレジットカード会社と提携先企業との間で、次のようないろいろな理由が絡み合い利害関係が一致した結果、提携カードが登場してきました。

① 自社の名前を付したクレジットカードを発行したいが、ノウハウがないので専門家に頼みたい。

② カード会員を広く集めて自社の顧客としたい。
③ 提携先との間でカード会員の情報を共有したい。
④ 異なる業態の加盟店を利用したい。
⑤ カード関連業務費用、サービスやポイント関連のコストを削減したい。
⑥ 顧客を囲い込みたい。
⑦ カード会員にとっても、カード会社と提携先企業が提携することにより提供されるサービスの範囲が広がる。

●提携カードの始まり

クレジットカード創生時代（1960年代初め）は、クレジットカード会社は勿論のこと、誰にも「他人と手を取り合ってカードを発行する」という考えはありませんでした。日本における提携カードの第1号は、1968年、日本信販が松坂屋と組んで発行したカトレアカードでした。1986年、VISA Internationalが日本信販に対し「Special Licensee」という特別な資格を与えVISAのメンバーにしました。VISAは通常、銀行系のクレジットカード会社のみをメンバーとして認め、VISAブランドのカードを発行する資格を与えることとしていますが、必要が認められると銀行系以外のカード発行会社にもこの資格を与え発行権を付与します。この資格を得たメンバーがSpecial Licenseeと称されています。

日本信販、クレディセゾン、ダイエーOMCの3社がこの資格を与えられVISAのメンバーになりました。この資格付与により、郵貯共用カード（日本信販・郵便貯金ジョイントカード）はVISAブランドを掲げることができるようになりました。銀行系カード会社は、天敵である郵便局のクレジットカードが仲間に割り込んできたので、当時大騒ぎをしました。

●郵貯提携カードの丸投げ方式

郵政省は、この郵貯提携カードを発行するにあたり、提携先の日本信販にカード業務のすべてを任せました。カード業務にはカードの発行、加盟店の開拓、加盟店管理、カード会員の審査・獲得、カードのセキュリティなど難しい仕事がたくさんあります。普通、Aというクレジットカード会社とBとい

う企業が提携してカードを発行しようとする場合、AとBとは、この仕事はAが行う、この仕事はBが担当すると、細かく業務の分担を決めます。郵政省は、自身でカード業務を行うことはせず、一切の仕事を日本信販に任せました。「よきに計らえ」というスタンスです。これを業界用語で「丸投げ方式」と言います。一切を任された日本信販は自由に腕を振るうことができました。幕末の雄藩長州の殿様、毛利元就はいろいろと進言する家老たち、草莽の志士たちにただ一言「そうせい」と頷いたそうです。そのため「そうせい公」というあだ名が奉られました。元就と郵政省、どこか似ているようですね。

● 国際カードビジネス協会

1988年、日本信販は、クレジットカードの内容、カードを用いた決済の将来性を普及するための勉強会の場として、国際カードビジネス協会(ICBA)を設立し、百貨店、メーカー、専門店、金融、保険、サービス業など数十社を招聘しました。事務局は日本信販に置かれました。設立当時、VISAカードを発行できるのはVISA Internationalやビザジャパンに加盟を認められた銀行系クレジットカード会社だけであり、信販系や流通系のカード会社はVISAカードを発行することはできませんでした。VISAのメンバーとなった日本信販は、自社が有する国際ブランドの発行権をこの協会を通じて参加各社に付与しました。同協会が提携カードの普及・発展並びに加盟店の開放に大きく寄与した功績は計り知れないものがあります。同協会は2010年、使命を終え解散しました。

● 提携カードの種類

提携カードは、通常、次の4種類に分けられます。カード会社と提携企業との間のカード発行にかかわるコストと収益の配分はこれらの種類によって異なります。

〔代行カード〕

代行カードは、クレジットカード会社が小売業者に代わって発行するカードです。日本信販が1968年に松坂屋に代わって発行したカトレアカードが、日本で発行された提携カードの第1号と言われています。カード会社が小売

業者に対し以下の名目でお金を支払います（現在は、若干変更されているかもしれません）。
　① 売上の一定割合の提携協力費
　② カード発行1枚につき500～700円の報奨金
　③ 加盟店手数料の一部

〔スイッチカード〕

　スイッチカードは、ある業態（たとえば銀行系）に属するカード会社が他の業態（たとえば流通系）の企業と提携して発行するカードです。通常のショッピング機能のほか、公共料金の支払いなど別の機能が加わるわけです。貯まったポイントはカード会員が好きなように選ぶ（たとえば商品券やマイレージ）ことができます。代行カードと同様、売上の一定割合の提携協力費と発行1枚につき一定額の報奨金がカード会社から提携企業に対し支払われます。

〔加盟店開放型カード〕

　加盟店開放型カードは、クレジットカード会社が自社の加盟店網を提携先企業に開放して発行するカードです。自社の加盟店が少ない企業がクレジットカード会社の大きな加盟店網を利用できます。UCカードとVIEWカードとの提携がその好例です。クレジットカード会社は自社の加盟店を相手の提携先に開放するだけで、すべてのカード業務は相手先企業が行います。加盟店手数料の一部がクレジットカード会社に支払われます。

〔大型提携カード〕

　大型提携カードは、年間の取引額が大きい航空会社、ホテル、自動車産業等を相手先として発行されるカードです。一般の提携カードでは3万人の新カード会員を獲得できれば成功したと言われますが、大型提携カードの新規カード会員の獲得規模は100万単位です。「TOYOTA TS CUBIC CARD」、「ホンダCカード」、「日石イーナカード」が好例です。会員募集は提携先企業が担当します。クレジットカード会社はその他のカード業務一切を行い、相手先に、提携協力費、顧客斡旋手数料、保険料、初年度年会費、ポイント負担分、さらにキャッシュバックを払います。この提携関係を見ると、提携先

の大企業の力関係が圧倒的に大きく、クレジットカード会社が相手先大企業に擦り寄っている格好となっています。

〔その他〕

① アフィニティカード　相手先がスポーツなどの様々なクラブ、大学、愛好会などの非営利団体を対象とした提携カードです。カード収益の一部を寄付する仕組みを取り入れた社会貢献型のカードです。

② コ・ブランドカードまたはダブルカード　マーケティング戦略を主目的とする提携カードです。提携先は、スーパー、百貨店、量販店、ホテル、鉄道会社、航空会社、石油会社等多くの顧客を抱える営利企業です。マーケティング戦略は、年会費無料、割引制、ポイント制等の特典をつけ、集客、取引拡大、データ蓄積による顧客属性の分析などを狙うカードです。

③ コラボレーションカード　旅行やアウトドアを世界的規模で楽しめる提携カードです。遊びの拠点、美術館、博物館等を世界規模で網羅し、割引などいろいろな特典を楽しめるカードです。

●提携カードの機能

　提携カードは、プロパーカードが提供しているサービスに加え、提携先が持つ独自のサービスを追加して提供できる機能があります。最近は、提携先が複数となるカードも登場していますので、提供されるサービスの幅がますます広がっています。さらに、会員・顧客に関する情報共有という大きな機能があります。

●主な提携カードの職業別分類

　現在、日本では約2億6,000万枚のクレジットカードが発行されています。その主流は提携カードと言われています。どんな企業が、あるいはどんな業態に属する企業が提携カードを発行しているのでしょうか、調べてみました。結論から先に言いますと、give upでした。経済産業省の商業統計というものがあります。その中に業態別分類というものが参考になりますが、中身が余りにも多く複雑で目が回りそうでした。その中の1つひとつの企業にコンタ

クトして、「おたくは提携カードを出していますか？」と尋ねるのは私1人の力では無理です。また、負け惜しみかもしれませんが、「知ったところで何になる？」と考えるようになりました。そこで方針を変え、手元の資料でわかる範囲の27の業態別提携カードの名称をリストアップしました。

① 銀行　　三井住友カードと三井住友銀行の「SMBCカード」、クレディセゾンとみずほ銀行の「みずほマイレージクラブカードセゾン」

② 銀行系カード会社　　むさしのカードと武蔵野銀行の「むさしのカード」、紀陽カードと紀陽銀行の「紀陽One da FULLカード」

③ 金融商品取引業者　　SBI証券とジェーシービーの「SBI証券JCBカード」

④ 保険会社　　住友生命保険と三井住友カードの「スミセイDSカードVISA」

⑤ 交通関係業者　　JR東日本と三菱UFJニコスの「JRカード」、JR東日本とビューカードの「ビュー/スイカカード」

⑥ 航空関係　　全日本空輸と三井住友カードの「ANA VISAカード」、ジャルカードと三菱UFJニコスの「JALカード」

⑦ 高速道路　　東日本高速道路とイオン銀行の「E-NEXCO passカード」、首都高速道路サービスとイオン銀行の「イオン首都高カード」

⑧ 石油　　EMGマーケティングとジェーシービーの「シナジーカード」、キグナス石油と三菱UFJニコスの「キグナス・オプリカード」、新出光とジェーシービーの「IDEX CLUBカード」

⑨ 自動車　　トヨタ自動車とトヨタファイナンスの「TOYOTA TS CUBIC CARD」

⑩ 住宅　　三井不動産レジデンシャルと三井住友カードの「三井のすまいLOOP VISAカード」

⑪ ホテル・旅館等　　ヒルトンHオーナーズ・ワールドワイドと三井住友カードの「ヒルトンHオーナーズVISAカード」

⑫ 旅行業者　　ジェイティービーとジェーシービーの「JTB旅カード」

**6** 提携カードはこんなに便利

⑬　流通業　　三越伊勢丹とエムアイカードの「三越M CARD」、大丸松坂屋百貨店とJFカードの「DAIMARU CARD」、阪急阪神百貨店と三菱UFJニコスの「博多阪急エメラルドカード」

⑭　外食産業　　なだ万と三井住友カードの「なだ万VISAカード」

⑮　医療　　日本赤十字社と三菱UFJニコスの「赤十字DCカード」、骨髄移植推進財団と三菱UFJニコスの「骨髄バンクカード」

⑯　電気・ガス　　東京ガスとクレディセゾンの「プラスハッピーUCカード」、レモンガスとジャックスの「レモンカード」

⑰　電気通信事業者　　ソフトバンクモバイルとクレディセゾンの「SoftBankカード」

⑱　出版社　　講談社と三井住友カードの「ViViカード」、ダイヤモンド社と三菱UFJニコスの「ダイヤモンド・エグゼクティブカード」

⑲　放送　　WOWOWとクレディセゾンの「WOWOWセゾンカード」

⑳　消費生活協同組合　　全国大学生協と三井住友カードの「Tuoカード」

㉑　共済組合連合会　　国家公務員共済組合連合会と三菱UFJニコスの「KKRメンバーズカード」

㉒　音楽・芸能　　阪急電鉄、阪急阪神カードと三井住友カードの「タカラヅカレビューSTACIA VISAカード」

㉓　スポーツ　　読売巨人軍とジェーシービーの「GIANTS CLUB G-Po JCBカード」

㉔　スーパーマーケット　　ウォルマート・ジャパン・ホールディングス、西友とクレディセゾンの「ウォルマートカードセゾン・アメリカン・エキスプレスカード」

㉕　コンビニエンスストア　　ファミリーマート、カルチュア・コンビニエンス・クラブとポケットカードの「ファミマTカード」

㉖　家電量販店　　ヤマダフィナンシャルとクレディセゾンの「ヤマダLABIカード」

㉗　専門店　　日本トイザらスとイオン銀行の「トイザらス・カード」

## 7 知っていますか、クレジットカードの表と裏の秘密

> クレジットカードのサイズについてはすでに述べました（第１部第３項（14頁）を読み直してください）。
>
> 本項では、この「約8.5センチ×5.4センチ」の大きさのクレジットカードの表と裏にぎっしり詰まった工夫と情報について説明しましょう。なお、カードの印刷には蛍光インクが使われています。紫外線を当てると隠し文字が浮かび上がる、という特殊な印刷技術です。

### ●カードの表面を知る

〔磁気テープ〕

カードには情報伝達機能という至上命令が課されています。具体的に言うと、ショッピングやキャッシング取引を行うとき、カードの持主は間違いなくカード会員本人であることを店員やATMに知らせなければなりません。この仕事をするのが磁気テープです。

磁気テープは用途により、オーディオ用、ビデオ用、コンピュータデータ用とに分かれ、アナログ方式とデジタル方式とがあります。

厚さ0.037ミリ、幅12.7ミリのポリエステル素材に0.01ミリの上塗りを施し微粒子磁気体（鉄粉）を塗りつけたもので、これをカードに貼り付けます。さらに手の込んだものがあり、肉眼で見えなくするため特殊な上塗り（コーティング）をしたカードも登場しています。磁気テープの情報収容能力はISO規格で最大で79文字です。ICチップに比べると問題にならないほどに小さいが、コストの関係もあり、一挙に切り替えることはできません。1967年、ロンド

ンのバークレイズ銀行が初めてMT付きのカードを発行しました。日本の第1号は1969年に発行された住友銀行のキャッシュカードと言われています。現在、日本において出回っているカードの大半はMT付きのカードであり、徐々にICカードに切り替えられていますが、その歩みは遅いようです。

全銀協も銀行側のお尻をたたき、経済産業省も2020年の東京オリンピックまでには全部を切り替える、と大号令を発していますが、はたして掛け声どおりにいくでしょうか。

〔磁気テープを張るのはカードの表か裏か〕

「磁気テープを張るのはキャッシュカードの表か裏か」、という問いに対して1972年、全銀協は「銀行統一仕様」なるものを策定し表張りを申し合わせました。銀行を母体行とするクレジットカード会社も勿論「右に倣え」で、磁気テープをクレジットカードの表に張ることとしました、これを「NTT規格」と言います。しかし、4年後の1976年、国連の国際標準機構は「MT規格」を制定し、磁気テープの裏張りを決定しました（ISO/IEC7810 ID-1）。

日本のやり方と逆の仕様が決められたわけです。わが国では、ちょっとゴタゴタが生じましたが結局、両方ともOKとなりました。1979年、通産省は国連の決定に対応するため、裏張りをJISⅠ型、表張りをJISⅡ型としました（JIS X 6301と6302）。その後約20年間、磁気テープを読み取る信用照会端末機の仕様をめぐりJISとISOとの食い違いが問題化し始め、通産省はⅠ型を「JIS標準型」、Ⅱ型を「JIS標準型附属書」と呼ぶこととしました。

自動車業界にはリコール制度があります。人の命がかかっていますのでコストを無視してでも回収してやり直しするわけです。しかしカード業界はそうはいきません。結局表も裏もOKとなってしまいました。このやり方を認めているのは、世界広しと言えども日本と日本の真似をした韓国の2カ国だけです。

〔ICチップ〕

Integrated Circuitのことを集積回路（IC）と言い、米粒大の電子体です。ICチップには、MTに比べると約100倍の文字を書き込むことが可能で、自己演

算能力を備え、小さなコンピュータとも言われています。偽造・変造にも強い抵抗力を示し、セキュリティにも強い優れものです。

　1982年、フランスのカルテブルー社が初めてこのチップを埋め込んだカードを試作しました。日本では、翌年1983年、大日本印刷、凸版印刷、カシオ計算機がICカードの生産技術を確立しました。ICチップを埋め込んだカードの利用範囲はきわめて広く、クレジットカード、キャッシュカード、電子マネー、社員証、高速道路のETC、携帯電話、スマートフォン、などに利用されています。

〔カード番号〕

　16桁の数字が刻印されています。ISO/IEC7812で規定された番号です。最初の1桁は業態分類コードと呼ばれ、カードの発行会社がどの業態に属しているのかを示しています。次のとおりです。

| 0 | 予備番号 | 5 | 同上（MasterCard） |
| 1 | 航空会社 | 6 | 信販系 |
| 2 | 同上 | 7 | 石油系 |
| 3 | T&E関連 | 8 | 電気通信系 |
| 4 | 銀行系（VISA） | 9 | その他 |

　また、最初の6桁を発行会社識別番号（BIN）と称し、Issuer（カード発行会社）を示しています。残りの10桁はissuerが自社の都合で使っています。昔は13桁のカード番号も持ったクレジットカードがあったようですが、現在はなくなっています。もしお手許にお持ちでしたら、大切にしまいこんでおくことをお勧めします。珍しいカードとして骨董的価値がでるでしょう。

〔有効期間〕

　通常、カードの満期日（expiry date、GOOD THRU、VALID THRU）が刻印されています。

〔ホログラム〕

　カードの偽造を防ぐ対策の1つとして採用されました。1947年、ノーベル物理学賞を受けた英国のD. Gaborが発明したものです。レーザー光線を用い

て光波が被写体の各部で回析する原理を応用し、画像を立体的に浮かび上がらせる特殊なフィルムです。2003年、さらに高度化されたものが登場しました。

〔国際ブランドカードマーク〕

　VISAとかMasterCard、JCBなどのブランドマークがついています。表のどこにつけるかで、国際ブランドカードと日本のカード会社との間で小競り合いがありました。目立つところに自社のマークをつけたいのは誰でも共通の心理です。力関係で決まってきたようです。現在は、カードの全面積の15％以下が国際ブランドの占める割合とされています。

〔カード発行社の名前〕

　Issuerの名前とロゴが刷り込んであります。Issuerにとっては、ここの面積が大きければ大きいほど自社の宣伝が行き届きます。たまには広げすぎて、国際ブランドカード会社からお叱りを受けることもあるようです。

〔カード会員の氏名〕

　アルファベットで刻印されています。

〔internationalの文字〕

　クレジットカードが日本で初めて発行された1960年頃は、海外旅行、外国との取引などは、夢のまた夢、厳しく禁止されていました。その頃日本のカード会社が発行したクレジットカードには、「valid only in Japan」、「国内専用」、「このカードは国内専用である。外国では使用できない」、「日本国内用」などの文言が刷り込まれていました。その後1980年頃から為替管理が緩和されだし、業務渡航、留学などが可能となり、それとともに日本のクレジットカードも海外で利用することができるようになりました。前述した「国内用」などの制限文句の代わりに、「国内海外共通」、「国際カード」などの言葉が登場してきました。このとき、住友クレジットサービス社が「international」という文言をカードの表の上の部分に表示しました。これがまことにカッコよく、他社もこれに倣いました。韓国のカード会社も真似をしました。ただし、このinternationalという文言をつけているカードはなぜか日本と韓国に

限られ、外国のカードには例がありません。面白いですね。

●カードの裏面を知る

〔磁気テープ〕

　表の説明と同じですので、参照してください。

〔署名欄〕

　シグネチュア・パネルと呼ばれています。カード会員が自分でサインする場所です。カード会員が本人かどうかを示す重要な役割を果たしています。このパネルには2種類あります。カードの端から端まで貼り付けてあるものと、カードの中ごろに貼り付けたものとがあります。この端に届かないパネルを「アイランド・パネル」と呼んでいます。このパネルには地紋と彩文という偽造・変造防止策として特殊な印刷技術が施されています。地紋は、淡い色の網目や砂目を印刷したもの、彩文は、円、楕円、波などの形を複雑に組み合わせた幾何学的な模様です。肉眼では識別されません。

　カード会員の書いたサインを消しゴムなどで消して自分のサインを書き込むとすぐわかる性質を持っています。このパネルには、カード会社がカード会員に割り当てる番号が特殊な印刷技法で打ち込まれています。これを特殊文字と呼んでいます。偽造対策の1つです。

〔ホログラム〕

　表の説明と同じです。

〔カード発行会社の名前〕

　Issuerの名称、住所、電話番号等が記録されています。

〔ATMマーク〕

　海外に出かけたときは、この印と同じ識別マークを表示しているATMを利用しなさい、というマークです。

　クレジットカードの大切な機能の1つにキャッシングがあります。現在、国内で流通しているクレジットカードは、原則として国内に設置されている約19万台のATMに対応でき、キャッシング取引が可能です。しかし、海外では、VISAのPLUS、MasterCardのCIRRUSなど機種の異なったATMが展開

されており、ウッカリすると現地通貨が手に入りません。どのようなカードもOKというATMもあります。これをグローバルATMといいます。外国人が日本にやってきてATMのキャッシングで苦労しているケースが時々目に入ります。国内の19万台のATMが全部グローバルATMとなるのはまだ先の話です。

　以上で「カードの表と裏の話」はおしまいです。もう1つ「生カード」という業界用語がありますので付け加えておきましょう。「生カード」とは、磁気テープとカード会員名とを入れればすぐ市場に出ることができるカードのことです。準備万端すべて整い、後は新しいカード会員の個人名、属性情報などを書き込めば出来上がりというカードです。印刷業者の手元でカード会社からの注文を待っており、注文があれば一人前になって社会に出るカードで、カード偽造グループが涎をたらして欲しがるものです。

　この項の最後の締めくくりとして、カードのセキュリティ対策について、もう一度振り返っておきましょう。このちっぽけなカードにも、ICチップ、ホログラム、コーティング、特殊文字、地紋と彩文、蛍光インク、という6種類の防犯対策が取られていることがおわかりいただけたと思います。「カード業界はハリネズミ」と言われる所以です。

---

**【忘れがたき思い出③】個室と秘書のこと**

　VISA International 東京事務所は有楽町、帝国ホテルのインペリアルタワーの一隅にありました。かなり広い一室を与えられました。日銀時代、個室に入れる偉い人は局長以上で、次長以下すべての職員は大部屋で課、係などずらりと並んだ机をすべて見渡すことができました。そのような職場に馴れ親しんだ私は、このがらんとした個室に面食らいました。室内には、若いお嬢さん、いわゆる秘書がただひとり、所在なさげにポツンと座っていました。ここが、それから5年間にわたる私の戦場になりました。

## 8 クレジットカードの生命線を支える オーソリゼーションと信用照会端末

　貴方が東京のある有名な商店街にある貴金属・時計店の店主であると仮定しましょう。お店にぶらりと外国人客が入ってきてあれこれ物色し、宝石をちりばめた腕時計を指差しクレジットカードを差し出してきました。数十万円もする高額な商品です。クレジットカードは勿論後払いです。貴方の頭には、昨日読んだ高額カード詐欺事件の話が浮かび上がります。

　客は何やらわけのわからないことをペラペラとしゃべっています。客を信用する術は何もありません。この場面における貴方の窮状を救ってくれるのが、このオーソリゼーションです。貴方は差し出されたカードを受け取り、信用照会端末に差し込みます。瞬時にカード会社から、「取引OK」あるいは「NO」などの簡単な返事が送られてきます。OKの場合は、貴方は喜んで腕時計を客に渡し、客はサヨナラと言いながら店を出て行きました。「イッチョ上がり！」売上げが伸びました。

### ●オーソリゼーションとは何か

　オーソリゼーションとは、カードの持主の信用等をカード会社に尋ね、客との取引に応じてよいか否かを事前に尋ねる仕組みのことです。店側が、このカードの持主は本人か、カードは有効か、取引金額は与信限度以内であるかどうか、などを照会し、カード会社が返事する電子的な仕組みです。

　円筒形の筒を10数枚の濾過紙が輪切っている形を想像してください。1枚、1枚の濾過紙にはそれぞれ次のような役割が課されています。

- 1枚目　　本人確認
- 2枚目　　カードの有効期限
- 3枚目　　特殊番号チェック（カードの有効性）
- 4枚目　　無効カードのチェック
- 5枚目　　与信限度
- 6枚目　　偽造カード対策、不良加盟店チェック
- 7枚目　　早期警戒システム（スリーピングカードの使用など）
- 8枚目　　カードヒストリーのチェック
- 9枚目　　高額取引等チェック、VIPステータス確認　など

筒の上から泥水（客が差し出したクレジットカードと考えてみてください）を注ぎ入れます。水は濾過紙を次々とくぐり抜けて、最後に筒から吐き出されます。濾過紙の枚数が多ければ多いほど澄んだ水が吐き出されます。この吐き出された水を見てカード会社は加盟店に対して返事をするわけです。返事の内容は、次の4つです。OK以外の返事がきたときは、110番する必要があるケースもあるでしょう。

- OK　　クレジットカードに問題なし、取引に応じて結構です。
- NO　　取引してはいけません。
- コールミー　　至急電話してください。
- ピックアップ　　問題あり、カードを取り上げてください。

●オーソリゼーションを支える縁の下の力持ち

このオーソリゼーションの仕組みを支えているのがCAT/CAFIS体制です。カード業界の礎石です。このCATをはじめとする信用照会端末とCAFIS回線が登場したのは1980年代の初め頃でした。それ以前は、オーソリゼーション（業界では単に「オーソリ」と略称します）の照会はすべて電話に頼っていました。さらに、店側は客に伝票にサインするように頼み、そのサインがカードの裏の書名欄に記入されているサインと同じかどうかを確認する必要がありました。店員は、筆跡鑑定の訓練を受けた警察の鑑識官ではありません。署名を見比べる、ましてや横文字の署名など識別するのは大変難しいことです。

客が立て込んでいるときは待たされて怒鳴りだす客もありました。電話でOKとなると、OK番号をもらい客に品物を渡し、それから、売上伝票にOK番号を書き込み、1日の売上伝票をゴムひもでくくり、カード会社に郵送します。数日後やっと売上代金がカード会社から支払われてきます。「偽造カードが恐ろしい」、「カードは手間暇がかかる」、と文句を言って加盟店がクレジットカードによる取引を嫌ったのは当然のことでした。

CAT/CAFISが登場してからは、CATを設置できないような辺ぴな場所を除き、この煩雑な手続は一掃されました。信用照会も伝票の整理も代金の支払いもすべて電子的に行われ、人手を煩わせることはなくなりました。

ところが、この便利な制度を使っているうちにいろいろ不便な点が出てきました。たくさんの加盟店から信用照会が殺到し回線がパンクする、クレジットカード会社が回答してこない（中南米諸国では、シエスタという昼寝をする習慣があります）などの問題です。これを解決するために次のような工夫が考え出されました。

① Floor Limit　　カード会社と加盟店の間であらかじめ一定額を約束をしておき、取引金額が一定額、たとえば10,000円以下の場合は、信用照会はしなくてもよいという申し合わせをします。この金額は、カード会社が決めるもので、ある加盟店に対してはFloor Limitはゼロ（「全件オーソリ」と言います）と決める場合もあります。これに対し、一定額以上の取引だけにオーソリを求めるのを「部分オーソリ」と称します。

② Issuer Limit One　　回線にトラブルが発生した場合に備え、カード発行会社（イシュア）が加盟店の相手をするカード会社（アクワイアラ）に対しあらかじめ許可を与え、一定の枠内でOK回答を出してよい、とする制度です。

③ Stand-in Parameter　　オーソリ照会への回答が遅れた場合（タイム・アウト）に備え、イシュアが回線内に仕込んでおく一定の指図書です。

信用照会に対しOKを出した場合の法的な効果は次の2つです。

イ　カード発行会社はその取引に何らかのトラブルが発生した場合、全責

任を負います。

ロ　加盟店とアクワイアラは、その取引に関連してチャージバック（後で詳しく説明します）されたときは、全責任を負うことになります。

### ●信用照会端末とCAFIS

どの業界においても、業者間では熾烈なシェア争いが繰り広げられています。カード業界も決して例外ではありません。「個々の利害関係による対立」と言えるでしょう。信用照会端末やそれを結ぶ回線の規格をどのように決めるか、を相談する場でも、この対立がカード会社間の猛烈な加盟店獲得競争という形で現れたのも当然のことでした。

1993年～1995年における3年間は、カード業界に劇的な変化をもたらしました。

・G-CATの本格的稼動
・CCT端末の登場
・売上伝票の一括保管センターの設立
・オーソリ限度の引下げ
・端末やネットワークの自由化など

すべてがこの期間に生まれました。業界にとっては忘れられない期間というべきでしょう。以下、これらの出来事のうち、端末と回線の動きに焦点を当てて説明しましょう。

〔CAFIS回線の現状〕

現在、日本国内を縦横無尽に張り巡らされているクレジットカード用の回線（電線）は、次のとおりです。

① 国際回線　VISA WorldwideのBASE IとBASE II、MasterCard WorldwideのBANKNET（VISAならびにMasterCardが構築・運営している国際的なオーソリゼーション・ネットワーク）

② 国内回線　CAFIS Credit and Finance Information Switching System（NTTデータ（旧日本電電公社）が運営する回線）、G-P Net Grobal Payment Network（㈱ジェー・ピー・ネットが運営する回線。国内に設置さ

れた信用照会端末SG—Tを使い加盟店とカード会社間を接続し、オーソリゼーションやギフトカードのサービス等を提供）、CARDNET（JCBが中心となって設立した㈱日本カードネットワークが運営する回線。オーソリゼーションのスイッチングサービス、売上データの作成、カードの有効性のチェック、無効カードの受信サービス、加盟店の決済業務支援等のサービスを提供。JTBグループ販売店、ホテル、旅館等を結ぶ回線）

〔CAFISとCANNETの覇権争い〕

- 1981年、銀行系カード会社6社（翌年AMEXが参加して7社となる）は日本電電公社とオムロン社をオブザーバーとして、CATを全国的に展開するための勉強会「クレジットカード・オンライン端末開発委員会」を設立、1983年6月に、「CATS事務局」を立ち上げました。
- 同年、この動きを察知していた通産省は、信販協、日専連、日商連に働きかけて、1982年、「産業システム推進協議会」を創設、「CAT懇談会」がスタートしました。
- CATS事務局とCAT懇談会においては、いろいろな論議が交わされるうちに、一時、「ネットワークの分裂を避け統一された社会システムによるカード業界を作り上げることを考えたほうがよいのでは」という意見もでましたが、この全国的統一構想は、結局は個々のカード会社の利害対立に翻弄され仙台や札幌など地方の大都市から反対の声が高まり、失敗に終わりました。
- 1981年〜1984年にかけて、CATS事務局グループとCAT懇談会グループとの間で激烈な主導権争いが発生しました。電電公社とIBMとの間の主権争奪の争いで、メディアはこれを「CAFIS vs CANNET覇権争い」と称して大きく報道しました。この関が原合戦は、加盟店獲得競争に敗れた日本IBMが撤退し、最後に電電公社のCAFISが勝ち残りました。
- 1985年、公衆電気通信法が電気通信事業法に改正されました。これにより、電電公社による独占体制が崩れて民営化が進み、電気通信事業への新規参入と電話機や回線利用端末の自由化が実現しました。

〔VISA Internationalの申し入れ〕

1994年、VISA Internationalは突然、日本のカード業界に対し「端末の自由化、情報センターの自由化、VISAのO-CAPセンターへの接続」をCATS事務局へ申し込んできました。要するに「国際規格を無視しないように」という申し入れでした。CATS事務局グループは、このVISAの申し入れを受け入れ、次の3点を考慮することを約束しました。

① 国際ネットワークとの互換性を実現する。国内回線をO-CAPセンターに接続する。
② それぞれの回線に接続する端末の名称を区別する。現行のCATと区別して新端末の名称をCCTとする。
③ CC手順（国際規格に沿った手順）を作成する。このCC手順は結局、日本側の標準プロトコルになり得ず、不発に終わりました。

この約束がその後実を結び、現在の国の内外を縦横に走る回線とCCT新端末の全国的展開の実現に結びついていくこととなります。

〔信用照会端末〕

次に、この回線に接続されて全国のクレジットカード加盟店のレジに並ぶ信用照会端末の説明に進みましょう。現在、店頭のレジで活躍している主な端末機は、次のとおりです。いろいろなメーカーが入り乱れており、特に新規進出会社は、「他社の端末はすでに生産を中止している」と称して自社の売込みを図るものもあります。しかし、生産中止と言っても現在全国に展開されて稼働中の端末がいきなり消えてなくなるわけではありません。当分の間は、これらの機種も活躍していくでしょう。

　（1）　CATグループ

CATは1983年に初めて登場しました。その後、次々と新型のCATが登場しました。

[旧型CAT]

・標準CAT　Card Authorization Terminal　　旧型CATとも呼ばれます。日本独自の規格を持ちます。CAFISを経由してカード会社へオンラインで問

合せを行い、カード会社からの応答を印字します。ICカードを読み取る機能はありません。
・S-CAT　　信用照会のみを行うシンプルな機能で印字機能がありません。カード会社からの承認番号はディスプレイに表示されます。
・G-CAT　　1993年に仙台と札幌において初めて登場し、認証と同時に売上決済処理が可能な端末です。ICカードの読み取り機能はまだありません。

（2）　CCTグループ

前述したVISA Internationalからの申し入れと電気通信事業法の施行がきっかけとなり、CAFIS端末に対抗する形で数多くの新しい端末が登場しています。2002年以降に登場した端末には、ICカード対応機能を備えたものが主流になってきました。主なものをリストアップしておきます。
・INFOX　　NTTデータが運営する独自回線INFOX-Netに接続する端末です。1999年にサービスを開始しました。VJAグループの加盟店に設置されています。ほとんどの電子マネーにも対応可能です。
・SG-T　　VISA系列の端末でSGターミナルとも呼ばれています。機能はCATと同じで経由する回線が違うだけです。
・JET-Standard　　日本カードネットワーク社が提供する端末です。
・JET-S　　日本カードネットワーク社が運営するCARDNETに接続する端末です。日本カードネット社をアクワイアラとする加盟店、ロイヤルホールディングスの店舗、佐川フィナンシャルグループの加盟店に設置されています。QUICPayやnanacoに対応可能です。
・MASTER-T　　MaasterCard系列の信用照会端末です。機能はCATと同じで経由する回線が異なるだけです。
・C→REX　　JTBが運営する独自のネットワークCARDNETに接続する端末です。JTBグループ販売店、全国旅館生活衛生同業組合連合会加盟のホテル、旅館等の端末として使用されています。
・CREPiCO　　セイコーインスツル社の子会社、エスアイアイ・データサービスが運営する独自回線に接続している端末です。東京の大手タクシー4

社・飛鳥交通グループのタクシーを中心に使用されています。タクシー運賃が端末に自動的に打ち込まれる仕組みです。
・ASCAM　2006年、アスキーソリューションが開発した、商品の配達先で決済・領収書を発行するオフライン端末です。
・View/Suica　ショッピングサービス決済端末です。

### （3）POS

POS（Point of Sale）は、「販売時点情報管理」（別称レジスター）と称される高機能の端末機器です。POSは、初期のキャッシュレジスター（金銭登録機）と現在スーパーやコンビニ百貨店などで広く使われているPOSレジスターとに2分できます。キャッシュレジスターの機能は、現金保管機能、手入力のレジ機能、手入力の販売記録機能などに限られていましたが、次第に多機能化され、現在では、現金保管機能、レジ入力機能、金額表示機能、自動釣銭機能、レシート印刷機能、販売記録機能、コンピュータ処理機能、通信機能等8種類の機能が付加されています。POSは、金銭管理、在庫管理、売れ筋の商品管理等の情報をリアルタイムで店側に提供する優れものです。

キャッシュレジスターは米国で1970年代に誕生し、1980年代から急速に多機能化が進められました。日本では、1897年、牛島商会が初めてPOSを輸入しました。1982年にセブンイレブンがPOSを設置したのが第1号と言われていますが、三越百貨店が第1号という説もあります（ただし、2008年の三越伊勢丹ホールディングスの設立以来この記録が消えてしまいましたので、この説はトレースできません）。

## 9 知ってほしい金利と借金の相関関係

> 金利と口で言うのは簡単です。しかし、その種類は多岐にわたり、私どもの生活に深く根を下ろしています。一度扱い方を間違えると牙をむき、命にかかわることもあります。借金はできればしないことです。どうしてもしなければならないときは、まず、金利にかかわる契約をよく頭に入れてからにしてください。以下、金利と借金をめぐるいろいろな話をリストアップしておきます。金利の説明には法律用語がたくさん飛び出して難しいところがあると思います。我慢して読んでください。

### ●金利とは何か

金利とは、資金を一定期間貸したことに対して支払われる報酬のことです。また、金利は利息額の元金に対する割合の意味でもあります。これを利子といいます。手数料など、利息に含まれるもの、逆に含まれないものは次のとおりです（利息制限法3条並びに出資法5条の4第4項）。

① 含まれるもの　礼金、割引料、手数料、調査料、その他どんな名義でも債務者が債権者に払う元本以外の金銭
② 含まれないもの　ATM手数料、カード再発行手数料、特定の口座振替手数料、貸金業法で定める書面の再発行手数料

江戸時代の落語の中の人気者、八五郎が毎朝大家さんから100文借りて出かけていき、1日働いて夕方帰宅して101文を返す、いわゆる「百一文」を例にとって説明します。朝借りる銭100文が元金、夕方返す101文のうち100文が元金返済、1文が利息で、100文に対する1文の割合が利子です。この場合、借

りた期間は1日ですから、この割合は「日歩1文」（年利に換算すると3.65％）です（64頁参照）。

●金利はいつ頃から始まったか

　紀元前3000年、世界最古のMesopotamia文明時代に、寺院や土地所有者による利子付きの貸出しが行われていたと伝えられています。シェークスピア（1594年）の『ヴェニスの商人』に出てくるユダヤ人の「人肉裁判、胸肉1ポンド」は明らかに利子にまつわる話です。日本でも、聖徳太子の大化の改新時代における僧侶や大地主の酒造家による金貸しに対するお百姓さんの竹かご一杯の野菜のお礼も一種の利子と見てよいでしょう。宗教によっては、利息を取ることを禁止したそうです。

●金利の計算方法

　次の3つの計算方法があります。

〔日歩と年利〕

　期間が月単位のときは月利といいます。日歩は日本独特の計算方法です。諸外国がほとんどが年利建てであるため、経済の国際化に伴い1969年9月1日より日歩表示は原則として廃止され、年利建てに移行しました。

〔単利と複利〕

　単利とは、元金に対してのみ期間に比例して利息を計算する方法です。一方、複利とは、期間の途中で（たとえば、3年間の貸付けで各年末ごとに）利息を計算しこれを元金に繰り入れて、その合計金額を元金として同じ利率で利息を計算する方法です。利子が利子を生む計算となりますので、貸付期間が長くなると、利息額は、単利で計算した場合に比べ幾何級数的に大きくなり貸手に有利となります。複利の計算は大変複雑になりますので、あらかじめ計算された複利表（たとえば、http://www.shosihinsha.com/tools/fukuri/）を使用します。

　10万円を20年間、5％で貸し付けた場合における単利と複利との利息額の差を実例で示すと次のようになります。

|  | 単利の場合 | 複利の場合 | 利息額の差 |
|---|---|---|---|
| 1年後 | 105,000 | 105,000 | 0 |
| 5年後 | 125,000 | 127,628 | 2,628 |
| 10年後 | 150,000 | 162,889 | 12,889 |
| 15年後 | 175,000 | 207,893 | 32,893 |
| 20年後 | 200,000 | 265,330 | 65,330 |

〔両端入れと片落し〕

　金利の計算を行う際、最初と最後の日を入れるか、入れないか、の問題です。貸付期間が長期になれば余り目立ちませんが、コール（注）のような1日、2日の貸借のときには大きな問題となります。預金金利やコールの計算には片落しの計算方法が、一方、貸付けの場合には両端入れの計算方法が用いられています。

　　（注）　コール市場のことを略してコールと呼んでいます。コール市場は、日本で最も歴史のある代表的な短期金融市場です。銀行などの金融機関同士で短期の資金の貸借が行われるマーケット（インターバンク市場）のことを言います。

●金利の種類はどうなっているか

　いろいろな分け方があります。自由金利と規制金利、公定歩合連動型金利、単利と複利、日歩と年利、固定金利と変動金利などです。ここでは一例として、短期（満期までの期間が1年以下）金利の形を示しておきましょう。

●金利を取り締まる法律とは

　金利を直接取り締まる法律は、「利息制限法」(民事法の分野の法律です。1954年に施行されました）と「出資の受入れ、預り金及び金利等の取締りに関する法律」(以下「出資法」といいます。刑事法の分野の法律で、1954年に施行されました）の2つです。これら2つの法律が次のように金利の上限を定めています。なお、この2つの法律のほか、貸金業法（旧貸金業規制法、2007年12月19日に貸金業法と改称）と民法478条がやはり金利に関連した法令です。

　①　利息制限法

・10万円未満　　　　　　　　年利20％
　　・10万円以上100万円未満　　18％
　　・100万円以上　　　　　　　15％
　② 出資法　施行当時　　　　　109.5％
　　その後5回の改正を経て現在は20％

　これを見て2つの疑問が生じます。第1に、出資法が施行された時の上限金利は、当時すでに存在していた利息制限法の上限金利15～20％の低い水準を無視して、なぜ109.5％という高い水準に定められたのか、また、第2に、これら2つの法律が定める上限金利に、なぜこのような大きな開きが出るのを許容したのか、という問題です。いろいろ調べてみましたがはっきりしません。

　そこで、日頃お付き合いいただいている弁護士さんに質問しました。以下は、弁護士さんから教えていただいた話と私の推測をブレンドした答えです。①司法の世界では、民事法と刑事法では対応が違います。事案がこと刑事法となると、国（族議員や裁判所）は直ちにまともに対処しますが、事案が民事法の場合には、国は、当事者に任せ、当事者で好きなようにやらせ、その結果問題が出て当事者が国に助けを求めてきたとき初めて国が乗り出すという風潮があります。②109.5％という金利水準は、当時は余り問題とされず受け入れられていたようです。③利息制限法は当時、消費者金融業界から目の敵にされ、事あるごとに利息制限法撤廃論が飛び出していました。④出資法は刑事法として消費者金融業界によるあくどい行為（いわゆる3Ｋ問題（注））を取り締まることを目的とする法律です。刑事法として罰則を伴う出資法を作るプロセスにおいて、貸す立場すなわち消費者金融業者・族議員の抵抗はとても激しかったと伝えられています。

　貸す立場・貸金業界と借りる立場・消費者擁護派とのせめぎ合いが続き、その過程において民事法である利息制限法は隅に押しやられてしまい、その結果、2つの乖離する法律が生まれたのではないか、と筆者は考えます。この考えはあくまで筆者の推測です。もっとよい答えをお知りの方はどうか教

えてください。利息制限法は誕生以来実に60数年を経て、最近やっと日の目を見るようになったようです。

> （注）　3Kとは、高金利、苛酷な取立て、過剰貸付けの3つの言葉の頭文字Kに由来したものです。このために多くの自殺者が出て、大きな社会問題となりました。

### ●上限金利の段階的引下げ

利息制限法の上限金利は施行以来、15％（10万円以下）、18％（10万円以上100万円未満）並びに20％（100万円以上）と一貫して変わりません。一方、出資法の上限金利は次のとおり5回変更されて現在20％まで引き下げられ、約50年間かけてようやく利息制限法の水準と同一になりました。

① 1954年施行　　109.5％
② 1983年　　　　73％へ引下げ
③ 1986年　　　　54.75％
④ 1991年　　　　40.003％
⑤ 2000年　　　　29.2％
⑥ 2008年　　　　20％

### ●グレーゾーン金利とは

貸金業法は、貸金業者が上限金利を上回る金利で貸付けを行った場合は刑事罰の対象とすると定めています。一方、利息利限法では、上限金利を上回る金利を適用しても、契約を無効とするだけで、刑事罰の対象とはなりません。上記⑤と⑥にはさまれた金利がグレーゾーン金利です。グレー、つまり灰色の金利は刑事罰の例外規定です。なぜそんな規定が生まれたのか、これは、上限金利の引下げに激しく抵抗する業界・族議員に対する「アメ玉」だと言われています。

### ●みなし弁済規定とは

1983年、貸金業規制法（現貸金業法）が成立しました。同法は、貸金業者に対する登録や規制を強化することと引き換えに、貸金業者に「みなし弁済」という恩典を与えました。いわゆる「むちとアメ玉」です。同法43条は、一

定の条件を満たせば、制限利息の支払いを有効な利息債務の弁済とみなすと定めました。この「みなし弁済」規定が成立すると、貸金業者は、自分の計算どおりの貸金を請求することができ、過払金の発生を防ぐことができます。この規定は貸金業者側が勝ち取った大変有利な条項となりました。

### ●民法478条の効力とは

「債権の準占有者に対する弁済は有効である」、とする民法の規定です。具体例をあげて説明します。貴方がうっかりして暗証番号をメモ書きした紙切れとクレジットカードを落としたとします。これを拾った男が貴方になりすまして銀行の預金口座からATMを使って現金を引き出し、そのまま行方をくらませたとしましょう。貴方は、銀行側の預金管理に欠陥があったとして、引き出されたお金を弁償するよう銀行に請求しました。銀行はこの民法478条を楯にとって、あなたの請求を断ることができました。これがこの民法478条の効力です。

### ●金利をめぐる最高裁の判決

利息制限法が誕生（1954年）して以来の同法に絡む最高裁判所判決を調べてみました。全部で19件見つけることができました。初めの頃の判決は、どちらかといえば、利息制限法の上限金利を無視した貸し手側に有利な判決が続きましたが、1968年の判決を境にして、判決の内容が180度転換し、消費者擁護の色彩が前面に押し出されてきました。以下、特に重要な判決を3件選び掲げておきます。

① 最高裁1968年11月13日判決（過払金返還請求にかかわるもの）

1929年に制定された（新）利息制限法1条2項は、明治時代に制定された旧利息制限法を踏襲し「債務者は前項の超過部分を任意に支払ったときは、同項の規定にかかわらず、その返還を請求することはできない」と定めたため、債務者は利息制限法所定の制限を超過する利息を支払ったときは、その返還を請求することはできないと考えられてきました。この判決では、高金利から消費者を保護するという利息制限法の立法趣旨に立ち返り、「元本完済後に超過利息の支払いが続けられた場合は、過払

いとなった金銭は不当利得（民法703条）として返還請求ができる」という、従来の考え方を180度転換する判決を下しました。この判決により、利息制限法１条２項の規定は実質的に空文化されました。
② 最高裁2004年２月20日判決（みなし弁済と天引き利息にかかわるもの）
　この判決は、「貸金業者との間の金銭貸借上の約定に基づく天引き利息については、貸金業法第43条第１項の適用はない」として天引き利息へのみなし弁済の適用を否定しました。
　この判決は、これまで、みなし弁済成立の要件を緩やかに解釈する考え方を変更して「厳格に解釈すべし」とし、みなし弁済の成立を困難化したものとして評価されています。この判決並びに前述した1968年の判決により利息制限法１条２項は2006年の改正により削除されました。
③ 最高裁2006年１月13日判決（期限の利益喪失と利息制限法超過金利にかかわるもの）
　金銭消費貸借契約において「債務者が元本または約定利息（注：利息制限法制限超過利息）の支払いを遅滞した場合、期限の利益を喪失する」旨の特約は、利息制限法１条１項の趣旨に反し無効であり、債務者が約定の元本と同法所定の上限金利以内の利息を支払いさえすれば、期限の利益を喪失することはない旨の判決を下しました。

●**多重債務者とは**

　多重債務者とは、「異なった貸金業者から５件以上の借金をし、その返済のためにさらに借金する者」と定義されています。借金により自家営業者は設備や自宅を取り上げられ、家族が離散し、本人は自殺に追い込まれる、などの悲劇が数多く発生しました。戦前の「ああ野麦峠」と「女工哀史」がこの悲劇を如実に物語っています。
　多重債務者をめぐる３K問題については前述したとおりです。多重債務者の数は、2003年がピークで230万人、2007年３月が171万人、その後次第に減少を続け、2012年３月には44万人となりました。多重債務の発生原因はいろいろあるでしょう。生来の怠け者もいるでしょう。必死になって返済を試み、

最後に生命保険金を残して自殺する人もたびたび報じられています。石川啄木の「働けど働けど猶（なお）わが暮らし楽にならざり、じっと手を見る」様は想像するだけで痛ましさを感じます。

### ●過払金返還請求訴訟とは

　過払金とは、利息制限法の定める利率を超える小口の借り入れをした借主が、すでに借入金の返済が終わったのにかかわらず、返済を続けたため払い過ぎた金銭のことを言います。前述した最高裁の判決に力を得て、過払金返還請求訴訟が全国的に提起されました。貸金業者は、この攻勢に負けて市場から姿を消しつつあります。

### ●法改正や最高裁判決が消費者金融業界に与えた影響

　業界の苛酷な取り立てが社会問題化し、貸金業法、出資法の度重なる改正や最高裁の消費者保護を全面に押し出した判決により、貸金業者に対する締め付けが厳しくなり、サラ金業者の息の根を止めたように見えます。彼らは自分で自分の首を絞めたようです。2006年以降、貸金業者の市場撤退が相次ぎ、また同業界に対する資金供給も大幅に減少、わが世の春を謳歌した大手サラ金業者はすべて消え去るか、メガバンクの傘下に入りました。

　しかし、海千山千の業者が黙って引き下がっていくのでしょうか。彼らは今はひたすら辛抱と、地下に潜ってなりを潜めているようです。しかし、総量規制に苦しみながら何とかして借金できないかとヤミ金業者の間を歩き回る人、借金せざるを得ない人は一朝一夕にして消え去ったわけではありません。業界への締め付けが厳しくなり消費者金融業界の収縮は免れない、また、多重債務者の利払い負担が減少すれば長期的には信用収縮以上に与信需要が退化するのではないか、という懸念もあるようです。しかし、市場の需要は大きいのです。最近再び、地下のヤミ金業者が動き始め、クレジットカードのショッピング枠の即時現金化などの巧妙な手口が散見され始めました。彼らは近い将来、何らかの形で再び息を吹き返すと私は考えています。

### ●参考知識

　参考までに知っておきたい豆知識を掲げておきます。

〔リボルビング返済の恐ろしさ〕

　リボルビング返済は毎月返済する金額が同じなので、支払金額増加への抵抗感が麻痺します。つまり借金するという感覚が希薄になります。あとは、多重債務の始まりです。借金地獄に陥るだけです。

〔1日借金（江戸時代の烏金や百一文）の金利払い〕

　借金したその日に返済しても1日分の金利を払わなければならないのでしょうか。現在では、民法140条の「初日不算入の原則」により当日の借金残高がゼロであれば、金利はかかりません。

【忘れがたき思い出④】　カードのことを何も知らない支配人

　何もかもわからないことだらけでした。教えを乞いたい先輩も語り合う同僚もいません。やけくそになって、カード業界から挨拶にやって来られる方々にひたすら教えを乞いました。皆さん非常に親切で、私が発するいろいろな幼稚な質問に答えてくださいました。1～2カ月が経つとしだいにカードの仕組みの輪郭が徐々に浮かび上がってきました。しかし、VISA本部から届けられた資料から得た知識とカード会社の皆さんから得た知識との間で、若干違和感を感じる点が出てきました。

## 10　決済制度は世界を結ぶ

　ヤップ島における石貨のやり取り、シェークスピア劇『ヴェニスの商人』の「胸肉1ポンド」、ニューギニア高地に住むモニ族のさつまいものやり取り、江戸時代の商人が大福帳をぶら下げて走り回る光景、第二次世界大戦中や戦後の都市生活者と農家との間に見られた物々交換、悪質な金貸しによる過酷な取り立て、決済代行業者の登場、クレジットカード決済に欠かせぬ自動振替決済制度、ネット決済、サラリーマンへの給料支払い、国家間の金塊のやり取りなど、これらはすべて「ある取引を完了させるためにお金をやり取りする」決済行為と言えましょう。決済は、私どもの日常生活を支える重要な社会的インフラです。そして、インフラの中心には日本銀行が存在しています。

### ●決済とは何か

事典やwikipediaによると、「決済」とは次のように定義されています。
① 売買代金の支払いなど、経済取引においてお金を支払い、証券を受け渡しすること（日本銀行の決済リポート）
② 代金や商品・証券または売買差金の受け渡しによって売買取引を終了させること（『広辞苑〔第6版〕』）
③ 金銭等によって支払いを行い取引を終了させること（wikipedia）
④ 金銭上の債務や債権等を清算すること（wikipedia）
⑤ 代金や金融商品または売買差金の受け渡しによって売買取引を終了すること（小学館『日本国語大辞典』）

それでは、法令上、「決済」はどのように定義されているのでしょうか。いろいろと探してみましたが、残念ながら見つけることができませんでした。そこで、「決済」という言葉そのものが書かれている法令を探しましたところ、ようやく資金決済法に「認定資金決済事業者協会」という文言があるのを見つけました（同法2条の7および87条）。決済という概念は、法律上では改めて定義する必要がないほど社会的常識となっているからでしょうか。

●決済システムの役割

　決済システムは、われわれの日常生活、あるいは商取引や金融取引をはじめとするさまざまな経済活動を支える重要な社会的基盤です。その運営主体は、日本銀行を中心とする銀行・金融機関やクレジットカード会社、電子マネー運営業者です。資金決裁法やサービサー法が施行されて、決済事業主体の輪はさらに広がりました（第2部第6項参照）。決済システムは重要な社会インフラであり、ITの進歩、経済のグローバル化などの環境変化にいち早く対応する必要があります。

●決済方法の種類とは

　大きく分けて次の4通りに分類できます。

〔決済方法による分類〕

　①　ネット決済システム（Net Settlement System＝NSS）　当事者間で、それぞれがもつ債権・債務を差し引いて（相殺）、残ったネット金額を決済するシステムです。

　②　グロス決済システム（Gross Settlement System＝GSS）　当事者間で、それぞれがもつ債権・債務を相殺することなく支払指図1件ごとに決済するシステムです。

〔決済時点による分類〕

　①　時点決済システム（Designate Time Settlement System＝DTSS）　中央銀行に銀行が持ち込んだ振替指図を一定の時点までためておき、その時点でたまった振替指図を一挙に決済するシステムです。

　②　即時グロス決済システム（Real Time Gross Settlement System＝RTGSま

たはContinuous Linked Settlement＝CLSとも言います）　中央銀行に銀行が振替指図を持ち込み次第、直ちに1件ごと決済するやり方です。

〔取引対象による分類〕
① インターバンク取引や国際取引などの大口資金取引を決済するシステムです。
② 小額かつ大量の取引を取り扱う小口資金を決済するシステムです。

〔決済日による分類〕
① 先進諸国が採用している大口資金を同日に決済するシステムです。
② 米国のACH（注）が採用している翌日決済システムです。
　（注）Automated Clearing House、米国の小口決済システム。給与振込、年金支払い、公共料金支い払等に用いられる。

●専門業界による決済チャネル

決済を円滑に行うため、日本銀行、銀行、その他の金融機関、決済代行業者等が使用している主な決済手段を並べてみましょう。
① 日本銀行金融ネットシステム（日銀ネット）
② 外国為替円決済制度
③ 全銀システム（全国銀行資金決済ネットワーク）　振込み・送金等を扱う内国為替制度です。
④ 手形交換所　現在全国で162の手形交換所が設置されています。
⑤ 全国キャッシュサービス　ATM回線網
⑥ 自動振替決済制度（68頁）
⑦ CLS銀行（70頁）

●日常生活における決済方法

私どもが日常生活で無意識に使っている決済方法をリストアップしておきます。14種類あります。
① 現金支払い
② 銀行、郵便局での振込み・振替え
③ 代金引換え

④　クレジットカードによる決済
⑤　プリペイドカードによる決済
⑥　デビットカードによる決済
⑦　電子マネーによる決済
⑧　コンビニ決済
⑨　ネット決済　　ネットバンキング決済
⑩　プロバイダー料金への上乗せ　　プロバイダー料金に買物代金を上乗せします。
⑪　自動振替決済制度の利用　　1980年、電話料金の支払いからスタートし、その後、家賃、ローン返済、クレジットカード利用代金決済、公共料金の支払い等に広がり、国民生活に定着している日本が誇る独特の制度です。カード業界では、1986年3月にJCBがこの制度を最初に利用しました。
⑫　リンク決済　　インターネット銀行とネットショッピングサイトとの間の代金即時決済制度です。
⑬　大手宅配便業者による決済　　クロネコヤマトの代金引換配達が好例です。
⑭　コルレス方式　　2国間にまたがる外国為替取引で採用された決済方式の一種です。たとえば、ドイツのA行とイタリアのB行が相互に口座を相手行に開設し、A行のリラ決済はB行におけるA口座（リラ建）で、逆に、B行のマルク決済はA行におけるB行口座（マルク建）で行います。AB両行は、お互いに相手方をコルレスポンデント（Correspondent）と呼びます。

●最近登場した新しい決済制度とは

①　マルチペイメント・ネットワーク　　Pay-easyサービスとも言います。富士銀行（現みずほ銀行）が設立した日本マルチペイメントネットワーク運営機構が運営するサービスです。税金、公共料金、ネットショッピング代金等をネット上で「いつでも、どこでも、安心、簡単」に行うことができる電子サービスです。

② 収納代行・代金引換サービス　流通大手４社（セブンイレブン、ローソン、ファミリーマート、サークルKサンクス）によるサービスです。

③ 外貨建てクレジットカード決済システム　NTTデータとJCBとが提携して2013年10月に開始した、クレジットカードの外貨建て決済サービスです。

④ ㈱全銀電子債権ネットワーク（通称でんさいネット）　全国銀行協会が中小企業の資金調達の円滑化を図るため、2010年に設立した機構で、2012年５月にスタートしました。

●決済取引上のリスク対策

リスクの大きさは、取引金額（A）と最終決済が行われるまでの時間の長さ（B）で計ることができます。つまり「A×B」です。AかBのどちらか、あるいはA、B両方を小さくすればするほどリスクは小さくなります。小さくするためには、決済の対象となる取引金額を前もってできるだけ多く集めて受取金額と支払金額とを相殺（clearing）することにより決済の対象となる金額を小額化し、さらに、最終決済（settlement）までの期間を短くする（たとえば、１カ月１回の決済を週１回さらに毎日１回とする）ような仕組みを作れば、リスクは小さくなります。後述するCLS銀行は、前述したRTGS手法などを組み合わせて、リスクを小さくしています。中央銀行も、前述した即時グロス決済（Real Time Gross Settlement＝RTGS）という、金融機関から支払指図が到着するたびに直ちに１件ごとに振替決済を行ってリスクを小さくしています。

●クレジットカードの決済

〔クレジットカード会社とカード会員との間〕

カード取引代金の代金決済方法は次の４つです。

① 翌月一括払い　マンスリー・クリアリングと呼ばれることもあります。

② 分割払い

③ ボーナス払い

④　リボルビング払い　　割賦販売法2条3項2号に規定されています。米国ではこの方法が通常の決済方法となっています。日本では1992年に初めてこのやり方が導入されましたが、この制度を使うかどうかはカード会員が選択できるようになっています。

〔クレジットカード会社相互間〕

　国内のクレジットカード会社相互間では通常の決済方法が、一方、国内のカード会社と海外のカード会社相互間では多通貨決済制度が利用されています。

## ●CLS銀行の役割

　CLS銀行が誕生する前までは、異国間の銀行の外国為替取引の決済は、「コルレス方式」で行われていました。この方式は、異なった国に存在するA、B銀行が自行内にそれぞれ相手方の外貨建ての口座を開き、この勘定を通じて買入れ通貨と売渡し通貨を決済する方式で、時差があるためどうしても決済時期にズレが生じます。このズレた時間帯にA行が破綻するとB行は損失を被ることとなります。1974年、旧西ドイツのヘルシュタット銀行がマルクを受け取った後に倒産し、時差の関係で相手の銀行はニューヨークでドルを受け取ることができず約2億ドルもの損失を被る事件が発生しました。これが原因となって欧州為替市場に大きな不安が生じました（いわゆるヘルシュタット・リスクと言われています）。

　CLS銀行は、この時差による為替リスクを削減するために、国際決済銀行（BIS）が中心となって、外国為替取引の決済だけを目的として、さまざまな国の通貨の決済を行うために1999年に設立された特殊な銀行です。CLSは、Continuous Linked Settlementの頭文字です。直訳すれば「連続的につながった決済」となります。

　この銀行の概要を説明すると次のようになります。

①　組　　織
　　・CLSホールディングス　　グループの最高機関、株主は大手銀行70行、日本の株主は、メガバンク3行、三井住友信託銀行、農林中央金庫で

す。ジュネーブにあります。
- CLS英国ホールディングス　　ロンドンでCLS銀行の日常業務をバックアップしています。
- CLS銀行　　ニューヨークにおいて決済業務を担当します。
- 決済メンバー　　58の大手銀行がCLS銀行に口座を開設し、CLS銀行と直接取引を行っています。
- ユーザーメンバー　　口座を開設できないが、直接CLS銀行に支払指図を送付できるメンバーです。決済は決済メンバーの口座を利用しています。
- サードパーティメンバー　　決済メンバーまたはユーザーメンバーの顧客として、決済メンバーまたはユーザーメンバーを通じて決済制度を利用しています。

② 決済業務の仕組み　　CLS銀行は、前述したDTSSとCLSとを組み合わせた複雑な仕組みを使用しています。大変複雑なので、説明は省略します（『決済システムのすべて〔第2版〕』東洋経済新報社。236頁以下参照）。

③ 取り扱う通貨　　2013年現在、米ドル、カナダドル、ユーロ、円、英ポンド、マルク、仏フラン、シンガポールドル、オーストラリアドル、香港ドル、スウェーデンクローナ、ノルウェークローネ、ニュージーランドドル、韓国ウォン、メキシコペソ、イスラエルシュケル、南アフリカランドの17通貨を取引対象通貨としています。これらの通貨による取引は全世界の外為取引の約95％を占めています。

●エピソード：CLS銀行とVISAの多通貨決済制度

　CLS銀行の決済の仕組みとVISAの多通貨決済制度の決済の仕組みとは非常によく似ています。私は、両者の根っこは同一ではないか、と考えています。これはあくまで私個人の推測です。VISAは、1986年に多通貨決済制度を発表しました。当時、私はその内容を日本のクレジットカード会社に説明する立場にありました。その後、1996年に世界の主要国20カ国がBISを中心としてCLS銀行を設立するために審議を始めました。設立委員会の中でリーダ

一格になったNCB、BOA、Barclays Bankなどの大手銀行はいずれもVISAの有力メンバーであり、スタッフの中にはVISA多通貨決済制度を考案するうえで活躍したシステムの熟練者が混じっていた、と私は考えます。この人たちのアイディアは当然CLS銀行の設立プロセスに生かされたはずです。外国為替取引、システム、決済制度に詳しい人材は限られており、ことあるごとに引っ張り出され設立委員会で貴重な発言をした、そしてそのアイディアが採用され生かされCLS銀行の誕生につながった、というのが私の推測です。

● 銀行ローンとキャッシングの違い

　銀行カードローンに関連して出てくるキャッシングとカードローンという言葉の違いをご存知ですか。クレジットカード業界並びに信販系業界では、キャッシングは「翌月一括返済」、カードローンは「リボ（リボルビング）または分割払い」と区別されています。

【忘れがたき思い出⑤】セキュリティオフィサーに任命されたこと

　以下述べることは、私がMasterCard Internationalに勤務していた時の話です。MasterCardは世界を6つの地域に分け、それぞれの地域にセキュリティ担当部門を置き、さらに各地域の主要国にセキュリティオフィサーを配属するという、いわゆるピラミッド型の防犯体制をとっていました。セキュリティオフィサーは、高度の機動力と縦横の連携を保ち、しかも国際刑事警察機構（ICPO）、SS、CIAと協力しながら、メンバーとの間でセキュリティ・フォーラムを開催していました。1990年、私はこの体制に組み込まれ厳しい特訓を受けました。厚さ10センチほどの資料を与えられ、睡眠不足になる日々を送りました。私にとってはすべてが驚くべき内容のものばかりでした。

　私は、約2年間にわたり、これらの資料の翻訳文を東京のMasterCardのセキュリティ研究会の場を通じてメンバーに提供しました。主な項目を以下にリストアップしておきます。

①ATM関連犯罪資料　②チャーバックの仕組み　③不正行為警戒システムの仕組み　④偽造カード　⑤カードの保険　⑥加盟店関連犯罪　⑦無効通知制度　⑧暗号　⑨オーソリシステムの仕組み　など

# 11 クレジットカード取引の根幹を支えるチャージバック制度

　一般のクレジットカード利用者は、どの程度「チャージバック」という制度がカード取引上のトラブルや不正行為に対し、大きな歯止めとなっていることを理解しているでしょうか。

　手元に、2013年7月19日に日本弁護士連合会が発表した「クレジットカード取引等の適正化実現のための割賦販売法（割販法）の改正を求める意見書」という資料があります。皆さんご存知のとおり、割販法は、部分的にせよ、クレジットカード取引を直接規制するわが国唯一の法律です。この意見書はチャージバックに関し大要次の提案を掲げ、割販法の改正を求めています。

① 翌月一括決済のカード取引にかかわる苦情申し立てについて法令を追加・修正すること。
② カード会社が苦情発生時の加盟店調査義務を怠った場合について法令を改めること。
③ 現在カード業界で行われているチャージバック制度について消費者の理解を深めるため、法令にチャージバック制度の内容を織り込むこと。

　同趣旨の意見書・提案が各地方の弁護士会、あるいは法曹関係の専門家から発表されています。また、「消費者基本法」は事業者に対し、「消費者の苦情を適切に処理するための体制を整備すること」を義務付けています。さらに、チャージバック制度をADR制度（裁判外紛争解決手続）と同一視する意見、「チャージバックの解説」と称する簡単な記事、ある

> いはチャージバック教室への招待記事もネット上に最近散見され始めており、チャージバックの認知度はかなり進んできているようです。

　これらの提案または法的義務が現在充分に活かされているかどうか、私には疑問が残ります。カード業界は「チャージバック」制度が国際ブランドカード会社の専権事項であり、カード業界における専門的事項であるとして、積極的にカード会員にこの制度を説明する努力を払っていないのが実情ではないでしょうか。
　本項では、以上に述べた観点から、できるだけ「チャージバック制度」を理解していただくため、さまざまな切り口からこの制度を説明するよう試みました。

### ●チャージバックとは何か

　チャージバックという言葉をお聞きになった方は多いと思います。英語のchargeとbackを組み合わせたカード業界用語です。chargeはいろいろな意味を持っていますが、その中で対価請求という意味があります。backは車の運転でよく使うback、後戻りの意味です。
　チャージバックとは、「カード会員が不正取引等を理由にカード利用代金の支払いに同意しない場合、カード発行会社（イシュア）が加盟店のカード取引を処理するカード会社（アクワイアラ）に対し支払いを拒絶する行為」あるいは、「イシュアがアクワイアラに対し、一定のルールに従い、カード売上代金の請求を取り消すよう求める行為」、と定義されています。私は、この「一定のルール」をイシュア・アクワイアラ両者間の「喧嘩のルール」と呼んでいます。国際的なルールと日本独自の国内ルールとがあります。

### ●チャージバック制度の誕生とルール

〔誕生の背景〕

　VISAのチャージバック制度は1974年に始まりました。1958年、Bank of Americaがクレジットカード業務の実験を開始し、BankAmericard第1号を発行してVISA Internationalが第一歩を踏みだしました。それから約10年後

の1969年、National Bank of Americard（NBI）が設立され、VISAカード業務が全米で本格化しました。チャージバック制度はカード業務創生時から稼動していましたが、その頃から、現在のようなしっかりしたチャージバックの骨格が出来上がっていたとは到底考えられません。一般の消費者がカード取引の紛争に注目し始め、チャージバック制度が正式に登場したのは1989〜1990年頃ではないでしょうか。その頃からしだいに骨格が固まり、肉付けされてきたと考えられます。わたしの手元に「チャージバック国内ルール」と題する古色蒼然たる綴りがありますが、その日付は1991年です。この小冊子もこの推測を裏付けるものではないでしょうか。

〔国際ルール〕

VISA、MasterCardなどの国際ブランドカード会社が定めているルールで、次の4つの原則が柱となっています。

① 当事者平等並びにその権利義務尊重の原則
② 手続重視の原則　　紛争処理においては、定められた手続に従うこと。
③ 処理期間厳守の原則　　紛争処理は定められた期間内に行うこと。
④ 発生件数抑制の原則　　あまり軽々しくチャージバックに頼らないこと。

〔国内ルール〕

国内ルールは日本国内で当初大手銀行系カード会社数社が決めた独自のルールで、国際的には通用しません。しかし、これはこれなりに差し障りなく動いているようですが、ボーダーレス化が進んでいる今日、その独立性がいつまで続くのかわかりません。

国内CBルールは次の3つの柱を重視しています。

① イシュア責任を重視　　アクワイアラの立場が重視されています。
② ネゴベースによる解決を奨励
③ 紛争当事者における責任分担を奨励

〔国際ルールと国内ルールの違い〕

主な相違点は次の4つです。

① 交渉形式　　国際ルールは手続万能主義、国内ルールは「なあなあ」ベースです。

② 紛争の種類　　国際ルールは固定化されています。国内ルールは「何でもござれ」式です。

③ 加盟店倒産　　国際ルールはチャージバックはできますが国内ルールではできません。

④ 通販　　国際ルールは国内ルールに比べ手厚く規定しています。

〔チャージバックを行う人〕

カードの発行会社（イシュア）が独占的にチャージバックを行う権利を持っています。

カード会員もこの権利を持っていると誤解されているようですが、それは間違いです。カード会員ができるのは苦情の申立てです。

●加盟店とチャージバックとの関係

カード会社と加盟店の間で締結された契約は「加盟店規約」と呼ばれています。この規約の中に、チャージバックに関連した取決め（加盟店の義務）があります。

① 加盟店はチャーバックを受けたときは、取引の調査について全面的に協力しなければなりません。チャージバックルールでは原則として120日間以内での解決が望ましいとされています。

② 加盟店は、カード取引の総額の5～10％を供託金として銀行に積み立てねばなりません（これをデポジットと言います）。チャージバック紛争の解決しだいではこのデポジットは没収されることもあります。

③ 加盟店は、チャージバックが発生した場合あるいは発生の可能性が高いと判断された場合、当該取引金額をカード会社に返還しなければなりません。

④ カード業界には、「不良加盟店」あるいは「8％ Merchant Watching System」と称される国際ブランドカード会社が定めたシステムがあります。いずれも加盟店側における不正行為を監視し、その事実があればそ

の旨をメンバーであるカード会社に警告するシステムです。加盟店は、この監視システムに引っ掛からないよう、あらゆる不正取引対策を取らなければなりません。この警告に一度リストアップされた加盟店は、自店で行われたカード取引についてチャージバックが発生すると、絶対的に不利な立場に追い込まれます。

● チャージバック・リーズンとは何か

〔チャージバック・リーズンの意味〕

　カード取引において発生する苦情・不正行為は千差万別で無数にあります。これらの苦情や事案ケースを類別し一定のグループにまとめ上げたものがチャージバック・リーズンです。その詳細は、VISA、MasterCard、AMEX、JCBのOperating Regulation（国際ブランドカードの基本規定）に明記されています。VISAやMasterCardのリーズン数は、当初は50余ありましたが、その後大幅に整理されて、現在は、VISAが22、MasterCardが24あると伝えられています。「伝えられる？」と言うのは、現在リーズンそのものが「対外秘」扱いとなっており、詳細がわからないからです。そこで、これらのリーズンを推測を交えて分類すると、次のとおりとなります。なお、JCBはVISAと異なり限定的なリーズン制をとらず、苦情申立ては「何でもござれ」のスタンスを取っているようです。この点は、MasterCardのリーズンコード4854（US only）と類似しています。

① 手続関連
② カードの有効性関連
③ オーソリ関連
④ T＆E関連
⑤ 通信販売関連
⑥ ATM関連
⑦ 不正取引関連

　私の手元に1978年当時のVISA Operating Reguretionがあります。これによると当時は54のリーズンがあげられていました。当時のチャージバック制

度はすべてペーパーと郵送によるものでしたので、いまこれを眺めると苦笑いがこみ上げてくるものもあります。参考までに、主なものをあげておきましょう。

① 伝票またはマイクロフィルムの未着
② 伝票判読不明
③ カード会員番号不一致
④ オーソリ承認なし
⑤ カード無効通知違反
⑥ 分割売上げ
⑦ 規格外の伝票持込み
⑧ 期限切れカード使用
⑨ 伝票金額の変更・改ざん
⑩ 二重請求
⑪ NO SHOW（ホテルに予約していたのに現れない）
⑫ ノーカード取引（偽造カードによる取引など）
⑬ サイン漏れ
⑭ 商品未着
⑮ 送付先ミス
⑯ 欠陥商品
⑰ サービス提供なし（ATMで現金を引き出した事実がない）
⑱ 不良加盟店取引の疑い
⑲ フロアリミット違反
⑳ 不正取引の疑い

当時全部で54あったリーズンは、取引のIT化に伴いほとんど姿を消し、異なった名称で現在は22〜24個までに縮小・整理されています。

〔チャージバック・リーズンの改正〕

リーズンは、時代の流れ、特にカード取引のIT化、カード取引形態の変化に応じて頻繁に見直されています。この見直し作業は1999年にスタートし、

5年後の2004年に「International Re-Engineering Disputes Project」として本格的に稼動しています。

〔チャージバックの流れ〕

チャージバックはカード会員の苦情申立てに基づき、イシュアがチャージバックを実行した時点から動き出します。その流れを示すと次のとおりとなります。

① カード会社　　毎月のカード利用明細書をカード会員に送付
② カード会員　　その明細書の中のある取引について、身に覚えのない取引などを理由に苦情を申し立てて利用代金の支払を拒否
③ イシュア　　カード会員の申立て、アクワイアラから送付を受けている取引資料（Presentment）等を調べて、アクワイアラに対しチャージバックすることを決定
④ イシュア　　アクワイアラに対しすべての取引データを送付するよう請求（Retrieval Request）
⑤ アクワイアラ　　2日以内にデータを送付（fulfilment）
⑥ イシュア　　チャージバックを実行。紛争解決

2003年4月までは、話し合いがつかないときはチャージバックは2回行うことができるとされていましたが、5月に改定されて、現在は1回限りと改められました。

解決に不満の当事者（カード会社）はさらに事案を国際ブランドカード会社の委員会に持ち込むことが認められています。

●アービトレーション

チャージバックで紛争が解決されない場合、紛争当事者はこの事案をVISAやMasterCardの委員会に持ち込み、その裁定を仰ぎます。この裁定手続のことをアービトレーションと呼んでいます。この決定が紛争の最終解決となります（以前は、さらに高等裁判所的な機関がありましたが、現在はなくなりました）。この委員会のメンバーは、世界的に大手とみなされているカード会社の専門家で構成されています。

## 12 クレジットカード関連統計の収集と活用方法の極意とは

　机上の小さな本立てに5冊の大学ノートが並んでいます。ノートにはびっしりとクレジットカードに関連した新聞記事の切り抜きが貼ってありますので、ノートの厚さは現物の倍以上に膨れ上がっています。ノートには一連番号を付しています。いま使っているノートは58冊目です。机の横にある整理棚ではとても納めきれません。捨てるに忍びず、古いものは3階の屋根裏部屋に積み重なっています。切り抜きには新聞名と年月日が朱筆されています。

　新聞は、日経、朝日、毎日、産経、東京の5種です。毎日くまなく読んで拾い出して切り抜き、あるいはコピーしたものをノートに貼り付けているわけです。5種類全部を購読することはできませんので、近所の図書館に毎朝通います。現役退職後の私の生活習慣の一部となりました。小旅行、入院等で中断すると後が大変ですが、とにかく今日まで続けてきました。このノートが、私のクレジットカード業界の動きや統計に対する重要なアンテナの1つとなっています。

●統計を探す方法

　私は、次の方法により、統計作成の一助になる数字を拾い出します。これが、執筆にあたって重要な情報資料となります。
① 　近所の図書館、杉並区中央図書館、日本銀行図書室、広尾の東京都中央図書館、国会図書館で資料を探します。
② 　YAHOO、Googleで検索します。

③　カード業界専門団体の出版物を調べます。
④　IT業界シンクタンクの研究論文、発表文を探します。
⑤　日本銀行調査統計局などの資料を調べます。
⑥　VISA、MasterCardの資料を調べます。
⑦　経済産業省、金融庁、内閣府など官公庁の相談室に質問します。
⑧　大手クレジットカード会社から聞き込みをします。
⑨　警察庁の警察白書、犯罪白書を読みます。
⑩　学者が著わした参考文献を探します。
⑪　毎日の新聞切り抜きから、少しでも関係ありと考えられる統計数字を拾い出します。
⑫　テレビのニュース報道からこれはと思う統計計数をメモします。
⑬　私のパソコンには、「クレジットカード関係、グーグル・アラート」の記事が自動的にダウンロードされてくるように設定されています。毎日10数件表示され有力な情報源となっています。

### ●大切なのは統計計数の出典の確認

最も神経を使うのは出典と正確性です。統計の数字に日頃から注意深く接していると、たとえば、いい加減な新聞記事（記者さんの勉強不足）はすぐ気づくことができるようになります。「新人が書いた記事だな」とすぐわかり、ニヤリとするわけです。A新聞とB新聞の記事の比較突合も欠かせません。出典と発表年月日を必ず確認しておくことも必要です。「わが社の統計数字を無断で借用した」とお叱りを受けることがないよう気をつけています。このように注意して書いた統計原稿でも、出版社のベテラン編集部員さんは弱点を見つけてすぐ私に鋭く質問してきます。経費面から見ても一番お金がかかるのが統計作成作業です。

### ●これまで集めたクレジットカード関連統計の種類

〔集めた計数を図表化する作業〕

　クレジットカード関連の統計（図表）は、幾つあるべきか、などの決まりはありません。クレジットカードが誕生してから今日まで自然に積み上げら

れ、積み重ねられてきたいろいろな計数を集めて、数字を追いながらカード業界の動き・全体像を少しでも掴めるように整理していくわけですので、図表の数は限定できません。時系列が揃った統計があれば最も都合がよいのですが、余りありません。2年に1回発表されるもの、単発形式で突然出てくるものなどがかなりあります。要するに、これらの統計数字をできるだけ多く探し出して集め、全体像を理解できるように組み立てていくのが作成のコツです。

拙著『クレジットカード用語事典』(平成23年2月16日刊、民事法研究会、現在改訂版を準備中)の図表を数えてみました。図が28、表が74合計102件あります。主なものを以下にリストアップしておきます。

〔作成した主な図〕

① クレジットカード・オン・アス取引の流れ
② クレジットカード・ノン・オン・アス取引の流れ
③ 海外クレジットカード取引決済の流れ
④ VISA多通貨決済制度の概要
⑤ 国際カード取引とチャージバックの流れ
⑥ オーソリゼーションのスクリーニング・テーブル
⑦ 割賦販売法の割賦販売とクレジットカードとの関係
⑧ インターネット管理体制
⑨ 金融機関の変遷図

〔作成した主な表〕

① クレジットカード発行枚数
② クレジットカード取引高
③ xxx年度主要xxx社のショッピング取扱高
④ VISA・MasterCardのチャージバック・リーズンの分類
⑤ ICカードとMTカードとの比較
⑥ 加盟店数
⑦ ATMの設置台数

⑧　わが国の通信販売業界の売上高の推移
⑨　通信販売の代金決済方法におけるクレジットカードの利用比率
⑩　電子商取引の市場規模
⑪　電子商取引の決済方法におけるクレジットカード利用比率
⑫　カード犯罪認知・検挙件数の推移
⑬　サイバー犯罪の検挙件数とその内訳
⑭　サイバー犯罪に関する相談件数の推移
⑮　日常的な支払いにおける主な決済手段

### ●統計集めの苦労話

過去約40年間、クレジットカード関連の統計を作るうえで苦労したことを思い出したので、そのうち幾つかをまとめておきます。

① 業界の知人から「出典は極秘」として教えてもらった貴重な数字などがあります。どのように料理して食卓に出すか、難しいところです。

② 業界団体から出版される定期的な刊行物が幾つかあります。興味深い数字がびっしり詰まっています。咽から手が出るほど入手したいのですが高価すぎて手が出ません。手間をかけて集めた数字でしょう。「やすやすと教えるものか」の気持はよくわかりますが……。これは近所の図書館にもありません。そこで広尾の中央図書館か日銀図書室を訪れることとなりますが、杖を突きつつやっと辿りつくと貸出し中でした。トボトボと帰宅しました。

③ 官公庁の発表する計数とシンクタンクの調査論文の数字の格差が大きくて、どちらをとるべきか途方にくれます。

④ 貴重な計数ですがどんなに探しても時系列が揃いません。

⑤ 年度と年、四半期別の整理は頭が痛いところです。

⑥ 業界によっては、隠蔽体質が濃厚で、欲しい数字は決して教えてくれません。実名はあげませんが、2つの業界が特にガードが固いようです。

### ●統計作成上で心掛けてきたこと

特に重要と思われるものを掲げておきます。

① 正確性を求めること
② 出典を明らかにすること
③ 時系列を重視すること
④ 最新性、常に新しい数字を求めること
⑤ アンケートに対する重複回答、推定値・予想額の扱いは慎重にすること

〔表〕 クレジットカード発行枚数・会員契約数（日本クレジット協会の統計の訂正版）

(単位：万枚、万件、％)

|  | 発行枚数 | 前年比 | 会員契約数 | 前年比 |
| --- | --- | --- | --- | --- |
| 平成16年3月末（2004） | 22,640 | － | 19,745 | － |
| 平成17年3月末（2005） | 23,271 | 2.8 | 20,376 | 3.2 |
| 平成18年3月末（2006） | 24,640 | 5.9 | 21,787 | 6.9 |
| 平成19年3月末（2007） | 25,279 | 2.6 | 22,647 | 3.9 |
| 平成20年3月末（2008） | 26,479 | 4.7 | 23,672 | 4.5 |
| 平成21年3月末（2009） | 27,261 | 3.0 | 24,376 | 3.0 |
| 平成22年3月末（2010） | 27,405 | 0.5 | 24,547 | 0.7 |
| 平成23年3月末（2011） | 27,068 | △1.2 | 23,965 | △2.4 |
| 平成24年3月末（2012） | 26,027 | △3.8 | 22,907 | △4.4 |
| 平成25年3月末（2013） | 25,979 | △0.2 | 22,781 | △0.5 |

(注) クレジットカード発行枚数及会員契約数は、平成16年3月末以降、遡って訂正している。
1．発行枚数の考え方
　　家族カード等を含む全てのカード（その他の物又は番号、記号その他の符号を含む。以下「カード」という。）発行枚数とし、退会等によって会員資格を失ったものや有効期限が切れた後更新を行っていないカードの数を除いた有効発行数残高をいう。
2．会員契約数の考え方
　　クレジットカードの会員契約を行っている有効契約数をいい、発行枚数からいわゆる家族カード発行枚数を除いた数をいう。（ETC専用カードは除く）

## 【忘れがたき思い出⑥】VISA Japan vs VISA Internationalのこと

　VISA Internationalは、VISAブランドを統括するグローバルな国際的機関です。加盟カード会社（Principal Member）にVISAブランドカードを発行する権利を許可（ライセンス）する権限を持っています。

　一方、住友クレジットサービスは、1967年にBank Americardと提携し、翌1968年に日本で初めてVISAカードを発行しました。同社は、VISAカードの発行権を得たとして活発に動き始めました。VISA Japanを設立して他の銀行を親会社とするカード会社に参加を呼びかけ、クレジットカード社会の実現を目指しました。

　VISA Internationalの立場からみるとこの動きは有難いのですが、反面、日本におけるこのVISA Japanの活躍とVISAブランドカードの発行権の帰属が問題視されるようになりました。将来有望なカード市場と目される日本がVISAの国際的統一性を脅かす動きを示し始めたからです。そこで、1983年VISA Internationalは、日本に進出して東京事務所を開設し、VISA Japanとの関係を明確にすることとしました。

　VISA Japanは当初、カード発行権問題、業態系の壁問題、加盟店開放問題などで、VISA Internationalの説明・指導に厳しく対立しました。

　この姿勢に対してVISA Internationalは次の3つの手を打ち、VISAがもつ強力・柔軟な権限を示してVISA Japanを説得しました。

①　日本信販が郵政省と提携して発行していた日本信販・郵貯ジョイントカードにVISAブランドを与える。

②　加盟店の開放を強力に進める。

③　信販系の日本信販、流通系のクレディセゾンとダイエー3社をVISAの特別メンバー（Special Licensee）としてVISAのメンバーとする。

## 13 急成長を続ける楽天、クレディセゾン、ユーシーカードの横顔

　最近、「楽天」と「クレディセゾン」という文字がネット上で頻繁に目につきます。これら両社について私は、提灯記事を書くつもりは毛頭ありません。しかし、両カード会社の急速な成長に興味を抱き資料を集めているうちに、その実態に興味が湧いてきました。また、ユーシーカードの生命力の強さにも注目しました。参考になることが多いと思われますので、私なりに調べたところを以下にまとめておきます。

## Ⅰ　楽天

### ●楽天㈱の実像を見る

　設立目的と業種は、私のネット検索技術がへたくそなためでしょうか、見つかりません。それとも、あまりにも手がけたい業種が多く、目的・業種を1つに絞ることができないからでしょうか。代わりに、同社のトップメッセージとして次の文言が掲げられていました。

　「インターネットを通じて人々と社会に力（エンパワーメント）を与えることを経営理念とし、世界1のインターネットサービス企業を目指す」

　同社は1997年2月7日、設立されました。2013年末の資本金は1,095億3,000万円です。代表者は代表取締役会長兼社長の三木谷浩史氏です。

### ●楽天急成長の秘密は何か

〔経営手腕〕

　急成長の秘密はどこにあるのでしょうか。いろいろ探ってみたところを並

べておきます。
① 宣伝上手　　短期間に知名度を向上させる手腕
② 新しい会社組織の立ち上げが得意
・PDCAの実践　　Plan（仮説）⟶ Do（実行）⟶ Check（検証）⟶ Action（仕組み化）をモットーとしているそうです。
③ トップのカリスマ性　　戦国時代の信長、秀吉、家康をほうふつとさせます。信長と秀吉のミックスタイプと言えそうです。
④ 着実な財務的裏付け　　買収、資本・業務提携、提携などを通じて多岐にわたる企業群を傘下に着実に取り込んでいます。
⑤ 球団買収　　知名度アップに大いに役立っています。
⑥ 豊富な資金源　　恵まれた家庭環境で育ったお坊ちゃんのようですが、どうしてどうして筋金入りの経営者です。祖母系は播磨の国、山崎藩１万石の譜代大名で、明治維新の際、子爵を付与されています。
⑦ 喧嘩上手　派手な発言とすばやい引き際で知名度を高めています。
　　㋑　kobo騒動　　電子書籍端末「コボタッチ」の不具合をめぐる騒動で、販売初日から苦情が殺到したそうですが、応対のスタンスが有名（notorious）となりました。
　　㋺　TBS問題　　東京放送買収騒動では、「メディア乗っ取り」と叩かれて退散しました。
　　㋩　Twitter　　発言に対し批判が浴びせられたので、問題の言葉を自ら削除しました。

### ●楽天銀行

楽天銀行は、金融庁の区別による新しい形態の銀行です。同行の属する業態区分は何でしょうか。その誕生史を辿ってみると、同行は明らかに銀行系です。しかし、そのように言い切ってよいのでしょうか。同行には銀行系のほか、流通系、交通系、消費者金融系などの血が混じっているように見えます。通常純血の「銀行系」と称されるカード会社は、その前後左右、あるいは生い立ち、環境から見てすべて銀行に取り囲まれて、銀行の支配を受け、

右へならえ方式の下で営業を続けています。楽天銀行は混血です。

楽天銀行は、前後左右、生い立ち、環境のどこを見ても銀行の影は薄いのです。しいていえば、「雑種」、「外来種」です。個人信用情報機関のタイプで言うと、楽天銀行は閉鎖的なレンダーズエキスチェンジ・タイプではなく、どの業態にも情報を公開する開放的なクレジットビューロー・タイプです。

GMOインターネットとインターネット金融事業における関係強化を目的として資本・業務提携を、また、西日本シティ銀行と包括的な業務提携を維持しています。

・2000年1月　日本電子決済企画㈱として設立されました。
・2001年6月　商号をイーバンク銀行に変更しました。
・2001年7月　銀行業免許を取得し開業しました。
・2002年4月　モバイルバンキングサービスを開始しました。
・2005年3月　国内信販（JCBと提携）を買収しました。
・2006年1月　全銀ネットに接続されました。
・2006年　　　VISA、MasterCardのプリンシパルメンバーとなりました。
・2008年8月　楽天との資本・業務提携に合意しました。
・2009年2月　楽天の子会社になりました。
・2010年5月　商号を楽天銀行に変更しました。
・2015年3月　米国向け通販でBITCOINによる決済を認めました。

●楽天カードなどのIT事業の変せん

・2001年12月　あおぞら銀行（旧日本再検診用銀行）とオリックス（総合リース企業）と共同で㈱あおぞらカードを設立し、銀行系消費者金融として「MY ONE」の名称でローンカード事業を開始しました。
・2004年9月　あおぞら銀行とオリックスグループの持分を取得し、楽天クレジット㈱を設立し、MY ONE事業を継承しました。
・2010年5月　楽天銀行への商号変更によりMY ONEを「楽天銀行スーパーローン」と改称しました。
・2011年6月　楽天クレジット、楽天グループの楽天KC（旧国内信販）の「楽

天KCカード」、「楽天MONEYカード」事業に付随するクレジットカード事業を吸収する旨発表しました。
・2011年8月　楽天カード、楽天クレジットを吸収し、楽天カード㈱と商号を変更しました。

## II　クレディセゾン

### ●セゾングループとは

　セゾングループは、堤康次郎氏が創業した西武鉄道を中心とする西武企業グループのことです。最盛期には、12の基幹グループ・約100社を擁していました。1971年、このグループは鉄道部門と流通部門の2つに分かれました。

　当時のセゾングループの中核5社と称される企業は次のとおりです。
・西武百貨店　　　百貨店業
・西友　　小売業
・クレディセゾン　　　クレジットカード業
・西洋フード・コンパスグループ　　　飲食店業
・西洋環境開発　　　不動産業

### ●クレディセゾンの誕生

1989年、流通系クレジットカード会社として誕生しました。現在の林野社長は西武百貨店の出身です。当時、若手人材の柔軟な発想を積極的に採用する会社として有名でした。

### ●流通系と銀行系の結びつき

〔ユーシーカードを吸収合併〕

　流通系のクレジットカード会社が銀行系のクレジットカード会社を吸収した注目すべき合併劇です。クレディセゾンの「合併に関するお知らせ」（2005年11月9日付け）は、この合併につき次の点を簡潔に述べています。

①　クレディセゾンはみずほFG、みずほ銀行、ユーシーカードと戦略的業務提携を行うことで合意する。

② クレディセゾンは、加盟店・プロセシング事業分割後のユーシーカード（UC会員事業会社）と合併する。

③ これにより、クレディセゾンは、セゾンカードとUCカードの両ブランドを取り扱い、流通系と銀行系のサービス機能を最大限に活用することにより、規模のメリットを活かした積極的な営業展開および加速的事業発展を図ることが可能となる。

④ 合併の方式は、クレディセゾンを存続会社とする吸収合併方式で、ユーシーカード㈱（UC会員事業会社）は解散する。

〔みずほFGと資本・業務提携〕

2004年、クレディセゾンはみずほFGとの間に資本・業務提携を結びました。これにより次の内容が実現されました。

① 銀行系と流通系というカード会社の設立母体の垣根を越えた日本初の金融業界の再編が行われました。

② 2006年の貸金業法改正に関連するキャッシング業務の収縮に対応し、過払金返還要求に備えた巨額な貸倒れ引当金が積み上げられました。

③ キャッシング収益に頼らない収益構造に改革されました。

④ ヤマダ電機、三井アウトレット等の大型商業施設・専門店との提携が強化されました。

⑤ 永久不滅のポイント・サービスを開発しました。

⑥ キュービタスへのカード・ローン関連審査、信用管理などのプロセシング業務が委託されました。


## Ⅲ　ユーシーカード

### ●ユーシーカードの設立と経緯

ユーシーカード㈱（英文名　UC Card Co., Ltd、クレジットカードのブランド名はUCカード）は、みずほ銀行とクレディセゾン両者の持分法適用関連会社（一種の連結子会社）で、2005年10月1日に設立されたクレジットカード加盟

店に関する業務を営む株式会社です。同社の源流は1969年、ユニオンクレジットとして誕生しました。同社は、住友銀行系の三井住友カード、三菱銀行系のDCカード、東海銀行系のMCカードと足並みをそろえた４大銀行系クレジットカード会社と称されていましたが、その業務内容をよく見ると、若干毛色が異なるサービスを提供することができるようになっています。

① クレジットカードに関する業務
② 金銭の貸付並びに信用保証業務
③ 信用調査業務
④ 集金代行業務並びに事務計算代行業務
⑤ その他上記の付帯業務

ユーシーカードの設立経緯を辿ると次のとおりとなります。

・1969年　ユニオンクレジット設立
・1994年　ユーシーカードに社名変更
・2001年　安田ユニオンクレジットを吸収合併
・2002年　第一勧銀サービス、富士銀クレジット（注）、興銀カードサービスと経営統合

　　　（注）　2002年３月まで、第一勧業銀行系列のクレジットカード会社として富士UCカード、富士スパークカード、ダイナースクラブカードの発行と同行カードローンの信用保証業務を行っていました。

・2005年　UC会員事業会社を設立し、加盟店事業とプロセシング事業に特化した会社としてスタートしました。

　　ユーシーカードは、当時すでに水面下で行われている合併に備え、本体を新ユーシーカードとUC会員事業会社（注）に２分割したわけです。

　　　（注）　業務内容は次のとおりです。
　　　　　　・クレジットカード取扱いに関する業務
　　　　　　・加盟店事業に関する業務
　　　　　　・UCグループの運営に関する業務
　　　　　　・商品券発行に関する業務
　　　　　　・集金代行並びに事務計算代行に関する業務

・その他関連業務
・2006年　クレディセゾンがUC会員事業会社を吸収合併しました。
・2007年　みずほ銀行がクレディセゾンと共同してプロセシング会社「キュービタス」を設立して、ユーシーカードのプロセシング業務を集約しました。
・2008年　クレディセゾンのプロセシング事業をキュービタスに統合しました。

●旧ユーシーカードグループ

1969年6月に設立されたユニオンクレジット㈱が始まりです。ユニオンは、設立にかかわった当時の銀行（第一銀行、富士銀行、日本勧業銀行、太陽銀行、埼玉銀行、三菱銀行）によるクレジットカードの共同体を意味しています。その後、三菱銀行がメンバーからはずれ、三井銀行と大和銀行が加わり、各行のクレジットカード会社が「ユニオンカード」を発行することになりました。

・1994年　商号をユーシーカード㈱に変更しました。
・2002年　同社は、第一勧銀カード㈱、㈱富士銀クレジット、興銀カードサービス㈱のクレジットカードに関する事業（JCBおよびダイナースクラブ関連の事業を除く）を統合しました。
・2005年　同社は、クレジットカードの加盟店およびプロセシングに関する事業を新設分割し、これを新ユーシーカードに譲渡しました。

●新ユーシーカードグループ

2005年10月、ユーシーカード㈱はクレディセゾンに吸収合併され消滅しました。これに並行して旧ユーシーカードグループが、クレジットカードの加盟店およびプロセシング事業を分割新設し、新ユーシーカード㈱を設立しました。これが新ユーシーカードグループの始まりです。

現在、UCブランドのクレジットカードを発行するクレジットカード会社（UCカードと地方銀行が共同出資して設立した、いわゆるブラザーズカンパニー）は29社あり、日本全国で活躍しています。

●キュービタスの誕生

　キュービタスは、UCカードとクレディセゾンのクレジットカードのプロセシング部門を専業とするクレディセゾンの子会社です。同社設立には、やや複雑な手続がとられました。まず2006年１月、旧ユーシーカードとクレディセゾンは、UCカードのプロセシング部門を新ユーシーカードへ分割しました（旧ユーシーカードはクレディセゾンに吸収合併されて消滅しました）。

　次いで2007年10月、新ユーシーカードおよびみずほ銀行は、業務再編契約を締結してプロセシングを専業で行う新会社を設立することとし、プロセシング業務に特化した完全子会社としてキュービタスを設立、次いで2008年４月、クレディセゾンはキュービタスを分割承継会社とする会社分割を行い、セゾンカードのプロセシング業務をキュービタスに承継させました。この会社分割によりクレディセゾンはキュービタスの株式51％を取得し、同社を子会社化しました。

●企業集団の強さ

　前述したとおり、ユーシーカードは安田財閥、富士銀行から受け継いだ「企業集団による支配」と「業容拡大」という２つの大方針を脈々と受け継いでいます。これらの企業群はがっちりとスクラムを組み、平時では決して表には出てきませんが、親分または仲間の１つがトラブルを起こすと、皆が寄ってたかって救いの手を差し伸べてきます。ユーシーカードがビッグバンの影響でクレディセゾンに飲み込まれたときも、既存の加盟店業務とプロセシング業務を行う企業により血路を開いて見事にその名を残しました。

　私は、ここで規模も性格も異なりますが、BITCOIN（第３部第４項参照）を思い出しました。BITCOINはネット上の無数のハッカー集団に支えられて、いくつかのトラブルを乗り越えて生き延びています。皆さん、これら２つの間には何やら似たもの、すなわち「集団の強さ」が働いているように思えませんか。

## 14 経営戦略に不可欠なアウトソーシングとその落とし穴

アウトソーシングを直訳すると「外部の資源」となります。業界では、「自社のコア、すなわち最も競争力がある優位な業務部門以外の部門を、より効率的に遂行できるベンダー（業務受託者）に外注すること」を意味しています。つまり広義に捉えますと、「ある組織が他の組織に対して、自社の機能やサービスのすべてまたは一部を委託すること」とされています。他社のもつ資源すなわち有力な部門を利用することと考えてよろしいでしょう。アウトソーシングを受けて立つ企業をアウトソーサーといいます。

### ●アウトソーシング誕生の理由とは

アウトソーシングはなぜ始まったのでしょうか。日本と米国とでは理由が異なります。ここでは上位3つの理由をあげて比較しておきます。

|  | 日本 | 米国 |
|---|---|---|
| 1位 | 専門性の向上 | 会社の核となる得意分野（カンパニー・フォーカス）の向上 |
| 2位 | コスト削減 | 世界レベルのサービス機能の獲得 |
| 3位 | 業務のスピード化 | 新しい発想の下で業務内容・遂行方法の見直しと改善（リエンジニアリング（**注**））を加速 |

（注）新しい発想の下で、業務内容や業務遂行を見直し・改善を図ることです。

これらの理由を見比べてみると気づくことが1つあります。日本で2位の

「コスト削減」が米国では8位と下がっていることです。なぜでしょうか。その答えは両国の企業体質を比較してみるとわかります。日本企業の体質には、「でっち奉公の風潮」と「自前主義」が根強く残っています。組織や人事を優先し、何でも自分で抱え込む体質があり、アウトソーシングする場合も相手先を自社のグループ内における企業に限定する閉鎖的契約を好みます。また、日本の企業ではゼネラリスト志向が強く、特定分野の専門家が育ちにくいと言われています。

一方、米国企業は、「Open Innovation主義」をモットーとしています。「おっぴろげの成長追求型」とでも言いましょうか。社内で育てられた優秀な社員はさっさと独立して自分の経験やノウハウを生かして自分のベンチャー企業を設立し、できの悪い社員が残ると言われています。これらのプロを育てあげた企業も彼らの退社を引き止めようとはせず、より勝れた能力をもつ人材や他社を探し、かれらと協力してさらに業績を伸ばしていきます。要するに、米国では、起業しやすい環境が整っているわけです。製造部門をすべてアウトソーシングしてしまい、数人が本部に残り、最も競争力がある得意分野に全力を集中（core competence）して巨額な利益を上げている企業もあります。

「自前主義」と「Open Innovation主義」、どちらがよいのでしょうか。この問題の背景には、さらに「職務発明の特許権は社員に帰属するのか、企業が所有するのか」という難しい問題が絡んでいます。主要国のスタンスはばらばらです。米国には職務発明に対する法的規制はないようです。日本では、特許法35条が「発明した社員は相当の対価を受ける権利がある」と定めています。しかし、最近特許庁の特許制度小委員会は、この規定を改め、職務発明の特許権は企業のものとする案を固めたと伝えられます。

● いつ頃から始まったのか

〔日本〕
・1960年〜1989年　中小企業が電算部門の機器管理、ソフトウエアの開発を外部に委託し始めました。

- 1989年　セブンイレブンジャパンが情報部門を一括外注しました。
- 1992年　三洋信販が日本IBMにコンピュータシステムの運用を依頼しました。ヤマト運輸が物流に強い長崎屋や通信を専門とするNTTに対し、情報システムサービスを提供するよう依頼しました。
- 1990年後半　アウトソーシングが急速に拡大し始めました。

〔米国〕
- 1960年代　IT専門業者のサービスが登場しました。
- 1980年代　リエンジニアリングの流れの中で新規情報提供サービスが登場しました。
- 1984年　GMが情報部門をアウトソーシングしました。
- 1989年　コダックが情報部門をアウトソーシングしました。
- 1995年　大企業の戦略部門のアウトソーシングが拡大しました。

●アウトソーシングされる業務とは

クレジットカード業界におけるアウトソーシングの対象となる主な業務は次のとおりです。

① コールセンター（電話照会の一括受付）
② データの保管・処理
③ カード発行業務
④ 加盟店化委託業務
⑤ 加盟店のプロセッシング
⑥ コンピューターの保持・運営・管理
⑦ セキュリティ業務、など

●アウトソーサーの主な顔ぶれ

わが国におけるアウトソーシングの舞台には数多くの主人公が登場しています。代表的な業者を2つあげておきます。
- 　JPN債権回収㈱（クレディセゾンの子会社、1994年設立）
- 　NOC日本アウトソーシング（1997年設立）

### ●アウトソーシングの問題点とは何か

　いろいろありますが、主な問題点を並べておきます。これらの問題は、何もアウトソーシングに限られたものではありません。一般の企業と共通な問題でもありますが、ここでは特にカード業界におけるアウトソーサーにおいて発生しやすい問題点に焦点を当てて検討してみます。

〔セキュリティの問題〕

　クレジットカード会社本体や厳しい規約に縛られている加盟店のセキュリティ対策は、PCIDSS等により堅固に構築されています。しかし、アウトソーシングが普及して、一次引き受け業者から孫引き受け業者へとアウトソーシングの輪が広がっていきますと、どうしてもセキュリティ体制の監視力が弱まってきます。グループ全体に統一的かつ均衡的な管理体制の維持が必要です。

〔不正アクセス防止上の問題〕

　蛸足配線と言う言葉があります。1つの電源にコンセントを使って電話、テレビ、卓上灯、炬燵などに配電するやり方です。一次引き受け、二次、三次引き受けと繋がっていく様は蛸足配線に似たところがあります。接続部分に突け込まれ不正にアクセスされるケースが増えていきます。

〔サイバーモール加盟店の問題〕

　ネット上サイト商店運営業者は、通常大手クレジットカード会社と加盟店契約を締結します。この加盟店は、業容拡大を目指して、サイバーモールで複数のサイト業者（カード会社に相手にされない小規模な店などを含みます）を傘下に入れて、その売上伝票を自社取扱伝票としてアクワイアラに送って代金を回収します。このようにして傘下に組み入れられた商店の中には名義貸し、杜撰な経理、規格に合わない伝票の作成、不正な行為等を犯す店もあります。チャージバックされても原因追及が難しくなるケースがよく見られます。

〔ウイルス不正利用の問題〕

　蛸足配線で繋がるグループ内では、フィッシング、ファーミング、その他

いろいろな不正ウイルスが埋め込まれる機会が増えます。

〔カード情報流出の問題〕

最近、個人情報流出（漏えい）事件がしばしばメディアを賑わしています。アウトソーサーからデータが盗み出されるケースが多くなっています。

〔クロスボーダー取引の問題〕

アウトソーシング取引の流れが国境を越えて海外にまで広がってしまう問題です。大手のアウトソーサーは海外に子会社を持っています。気をつけていても取引データが海外に流れ、海外で処理され、その結果が国内に戻ってくるケースがよくあります。海外で不正行為が発生すると、その原因究明がとても難しくなります。

〔国際ブランドカード会社の加盟規約違反の問題〕

国際ブランドのby-lawsは、売上伝票を海外に持ち出すことを禁止するとともに、取引手数料の統一化を厳しく求めています。海外での処理や取引には、このby-lowsを犯すケースが多いと言われています。

●アウトソーシングのリスク

代表的なリスクをあげておきます。

① 営業機密や個人情報が守られにくい
② 発注側の内部統制システムが受注側のシステム担当者に行き届かない
③ 不正アクセスへの対策意識が低い
④ スキミングやフィッシングによるクレジットカード決済時におけるカード情報の窃取リスクが高い
⑤ 受注側のセキュリティ意識が低い

〔セキュリティ対策〕

アウトソーシングのセキュリティ対策に秘薬や特効薬はありません。要は、クレジットカード会社が採用しているセキュリティ対策をアウトソーサーのグループ全体に徹底することです。

① PCIDSS規準の遵守
② プライバシーマーク制度の遵守

③　国際ブランドの3-Dセキュアプログラムの遵守
④　暗号化体制の強化
⑤　クレジットカード会社によるアウトソーサーの管理強化
⑥　クレジットカード会社とセキュリティ会社との連携強化
⑦　国際ブランドのセキュリティ対策の積極的取り入れ
⑧　日本クレジット協会の「インターネット上の取引時における本人なりすましによる不正使用防止のためのガイドライン」(2012年7月1日実施)の遵守

【忘れがたき思い出⑦】日本信販にヘッドハンティングされたこと

　VISAの総支配人室に退職願を出して受理され、部屋から出た途端に日本信販の企画部長さんが私を待ち受けていました。ウムを言う暇もなく本郷の日本信販の社長室に連れて行かれました。そこでは山田社長さんが待ち受けていました。というわけで、私の「やっとVISAを辞めることができた。これからはちょっと楽に暮らせる、朝出て夕方帰る（午前様が多かったのですが）というサラリーマンの生活も卒業できた」という夢ははかなく砕かれました。

## 15 巧妙化するクレジットカードをめぐる犯罪

「石川や　浜の真砂は尽くるとも　世に盗人の種は尽くまじ」、皆さんよくご存知の安土桃山時代に釜茹で刑に処せられた大盗人、石川五右衛門の辞世の句です。クレジットカードをめぐる犯罪も種は尽きません。後から後から新しい手口と犯人が登場してきます。IT技術の進歩に支えられた情報社会が実現すると、犯罪手口の狡知さにますます磨きがかかってきました。取締り法規の抜け穴を突く巧妙な手口には、「敵ながら天晴れ」と感心させられるものがあります。

新手口の登場とそれを追う法律の改正、最近はやや落ち着いてきているようですが、典型的な「いたちごっこ」が展開された時期がありました。

クレジットカードが登場した1960年代当時のカードの犯罪手口は極めて幼稚なものだけでした。既存の刑法で充分対処できました。ところが次々と新手が登場し、法の規制に抜け穴が目立ち始め、この弱点を狙って第三国の犯罪集団が日本に乗り込んできました。彼らにとって「日本は天国」となりました。クレジットカード業界の防戦が始まりました。私はその頃、VISAインター、次いでMasterCardインターに勤務しており、これらの犯罪の動きを肌で感じることができました。　ことに、MasterCard時代には、Security Offiserという肩書も与えられ、このポストのための特訓も経験するという得がたい機会を味わうことができました。

以下、私のささやかな経験を踏まえながら、クレジットカード犯罪の

動きと対策などについて詳しく述べてみましょう。ただ、犯罪の手口については、真似する人が出てくるといけませんので、あまり詳細に説明しません。ご了承ください。

●クレジットカード犯罪はいつ頃から始まったのか

1957年に発生したCD（キャッシュディスペンサー）犯罪がカード犯罪の第1号と言われています。拾ったキャッシュカードを使ってCDから現金を引き出した事件です。来日外国人によるクレジットカードのスリ事件は、1977年に逮捕されたチリの男性が第1号とされています。最初の偽造キャッシュカード事件は1981年に発生しました。

●犯罪の手口にどんなものがあるの

クレジットカード犯罪は、次のように5つに分けることができます。

（1）　クレジットカードそのものを悪用する単純な犯罪

① 拾得物横領によるクレジットカードの使用
② 窃盗、空巣、スリ、ブランコスリ、車上荒らしにより取得したクレジットカードの使用
③ 昏睡強盗により取得したクレジットカードの使用
④ 詐欺、騙取により取得したクレジットカードの使用
⑤ 支払能力がないのにクレジットカードを使用
⑥ 虚偽申請でクレジットカードを取得し使用
⑦ 集団密航者によるカード犯罪（偽造、窃盗など）　蛇頭が大いに活躍した時期がありました。
⑧ クレジットカードの個人信用情報の窃取
⑨ クレジットカードの偽造　取締りの緩いマレーシアを拠点とする偽造団が今でも蠢いているようです。
⑩ クレジットカードの郵便抜き取り　書留郵便制度がない国で頻発しています。
⑪ 海外で偽造されたクレジットカードを日本国内に持ち込んで使用

⑫　ぼったくりとクレジットカードの悪用　　東京都によるぼったくり条例成立の引き金となりました。

### （2）クレジットカード関連詐欺

①　債権譲渡詐欺　　カード会社からカード債権を譲り受けたと言って返済を迫る詐欺行為です。

②　勘定乗っ取り　　休眠口座の名義人になりすまし、クレジットカードの虚偽申請をする手口です。

### （3）不良加盟店関連犯罪

①　不良加盟店（員）犯罪　　欠陥商品を送る、クレジットカード情報を横流しする、レジにスキマー装置を取り付ける、などの犯行を店ぐるみ、あるいは不良店員が行う手口です。

②　加盟店名義貸し　　加盟店が自社の名義を、加盟店になれない風俗店などに貸す行為です。

③　ショッピング枠の現金化　　不正と知りながらショッピング枠一杯に高級品などを売却、あるいは持ち込まれた高額商品を安値で買い取る。

### （4）ATM関連犯罪

①　暗証番号の肩越しの覗き見

②　ATM回線の盗聴（タッピング）、不正アクセス

③　カナテコによるこじ開け、火薬で爆破、パワーシャベルによるATMそのものの運び去り

### （5）クレジットカードに関連するネット犯罪の手口

①　ファーミング　　多数が訪れるウェブサイトそっくりにつくられた偽サイトにユーザーを誘導し、暗証番号やクレジットカード番号などを詐取する詐欺で、フィッシング詐欺の手口の1つです。

②　フィッシング　　実在するカード会社や大手加盟店などを装ってE-メールを送りつけ、カード情報を盗み出す手口です。

③　スキミング　　他人のクレジットカードやキャッシュカードの磁気記録情報を不正に読み出してコピーをし、使用する犯罪行為のことです。

スキマーとよばれる装置を用いて情報を窃取します。
④　ネットショッピング詐欺
⑤　ネットオークション詐欺
⑥　ネットバンキング不正引き出し
⑦　不正ウイルスの埋め込みによるクレジットカード情報の窃取

### ●犯人像はプロ集団

たまたま犯罪に手を染めた一般人は別として、ここでは犯罪のプロの顔ぶれを見てみましょう。
①　闇金融業者
②　スリ
③　カード偽造者
④　コーチ屋
⑤　紹介屋
⑥　回し屋
⑦　名簿屋
⑧　整理屋
⑨　外国人カード偽造団
⑩　偽造カード運び屋、など

### ●ペルソナ・ノン・グラータとは何か

ラテン語のpersona non grataのことです。外交用語です。「好ましからざる人物」、「歓迎されざる人物」を意味します。外国人の密入国者、不法入国・滞在者でクレジットカード犯罪をはじめ、あらゆる犯罪に関わる人物がこの用語に当てはまるでしょう。蛇頭、専門的なスリ集団、カード偽造団、国の内外でパソコンを駆使するネットバンキング犯罪者・カード情報窃盗団などが浮かび上がります。

### ●取締法の抜け穴

クレジットカード取締法の抜け穴と称される局面は、現在ではほとんどふさがれたようです。しかし、1960年代から1970年代にかけては、野放し、規

制対象外、法解釈上の意見対立、罰則が極めて軽微という分野が多く、そこを海外の不良分子から突かれて痛い目にあうことが多々ありました。

　抜け穴について、法規制が及ばなかった、あるいは規制法の成立が遅れていた空白期間の主なものをまとめてみると次のとおりとなります。

| 犯罪行為 | 取締法 | 空白期間 |
|---|---|---|
| CD荒らし、偽造カード | 刑法 | 6年間 |
| 集団密入国 | 入国管理法 | 7年間 |
| 偽造カード、スキミング | 刑法 | 6年間 |
| 闇金融 | ヤミ金取締法 | 5年間 |

● **クレジットカード犯罪取締法の改正や新法施行**

　取締法の改正・成立とその誘引となったカードに絡む犯罪行為の関係をまとめますと以下のとおりとなります。

| 誘引行為 | 法改正・立法 |
|---|---|
| CD犯罪 | 1984年、刑法改正 |
| パチンコカード偽造 | 2009年、資金決済法改正 |
| 暴力団員のカード犯罪参入 | 1992年、暴力団対策法成立 |
| 密入国増加、蛇頭暗躍 | 1997年、出入国管理法改正 |
| コンピュータ犯罪 | 2000年、不正アクセス禁止法成立 |
| IT技術の進歩と偽造カード | 2001年、刑法改正 |
| 偽造カード持込み | 2006年、関税法改正 |
| 個人情報漏洩・窃取 | 2003年、個人情報保護法成立 |

## 16 広範に及ぶクレジットカードを規制する多様な法律

　わが国には現在、クレジットカード取引を単独で規制する法律はありません。ケース・バイ・ケースで必要に応じていろいろな法律が適用されています。ひと頃、単独法制定の動きがありましたが立ち消えになったようです。このことは、クレジットカードが社会生活全般に大きく広がり、これをまとめて単一の法律で規制することが立法技術的に難しいことを示しています。クレジットカード取引に関連する法律は、最近のメディアが囃し立てるアベノミクスの３本の矢ではありませんが、「割賦販売法」、金利を規制する「出資法」、悪質な貸金業者を規制する「貸金業法」の３つの法律があります。このうち、現時点でクレジットカード取引に関連する条文を一番多く有している割賦販売法が、この３本の矢の筆頭にあげられています。この法律は、もともとは業界規制法でしたが、その後もろもろの事情から、消費者保護的色彩が濃い法律に様変わりしてきました。

それではまず割賦販売法の内容から調べてみましょう。

●**割賦販売法とはどんな内容か**

〔その目的と改正の経緯〕

　この法律は、全文55の条文からなっています。比較的短い法律だな、と考えがちですが、そうではありません。施行された昭和36年から平成26年までの約50年間に、この法律はもぐら叩きが続く社会の変化や他の法律、並びに姉妹法である出資法の改正と平仄を合わせるため、通算41回の改正を重ね、

ことに同法第35条は、35条の2、35条の3の2……と枝分かれを重ねて、35条の3の62まで増えています。せん定しない梅の枝を思い出してください。「桜切るバカ、梅切らぬバカ」という諺があります。第35条はこの「梅ノ木の枝分かれ」を連想させます。追加、修正が相次ぎ、伸びに伸びて全体では極めて長文の法律となっています。基本的な事項を定義する第2条すら変更されています。数年前の定義が最新版の六法全書では変わっています。数年前の解説書もすぐ時代遅れとなります。しかも使っている文章が難解です。たとえば、「それを提示し若しくは通知して、又はそれと引換えに、商品若しくは権利を購入し、又は有償で役務の提供を受けることができるカードその他の物又は番号、記号その他の符号」(第2条1項2号) という文言があります。難しい表現ですが、クレジットカードを指しています。

この法律は1961年に施行されました。わが国でDiners Clubが初めてクレジットカードを発行したのが1960年でした。制定当時の割賦販売法にとっては、クレジットカードの概念は想定外のことで、突然押し寄せた津波みたいなものでした。にもかかわらず、この法律はしだいにクレジットカードを取り締まるうえで最も密接な地位にある法律に祭り上げられてしまいました。なぜでしょうか。それは、この法律が「分割払い」の決済方法を規制する法律であったから、また、同法がところどころにせよ、クレジットカードの原型に触れていたからです。この法律の全体像を説明するには長い時間が必要です。そこで、焦点をクレジットカード関連の範囲のみに絞り込んでその大要をまとめてみましょう。

〔関連用語の説明〕

第2条（定義）に出てくる用語を簡単に説明しておきます。

・割賦販売　商品の購入と代金の支払いは、同時に行うことが原則とされています（民法533条、同時履行）。しかし、買主は今商品が欲しいが手元にはお金がないが数日後には必ず払える、一方、売主は代金回収が見込めるならば売ってもよい、というケースが日常生活にはよくあります。このケースに対応して生まれたのが「後払い、分割払い」の知恵でした。割賦販

売法では後払いを割賦販売と定義しています（2条1項1号）。2つの定義があります。

① 対価を2月以上の期間にわたり、かつ、3回以上に分割して受領することを条件として指定商品もしくは指定権利を販売し、または指定役務を提供すること（2条1項1号）。

② リボルビング払い　購入金額の多寡にかかわらず、買主があらかじめ定められた条件に従って毎月一定額を返済する方式（同条1項2号）。

・ローン提携販売　売主が買主の保証人になることを条件に、銀行が買主に対し買物代金相当額を融資し、買主はこの融資金額で代金を一括払いし、その後、所定の利子をつけて銀行に融資金を分割して返済する方式です（同条2項1号）。

・包括信用購入あっせん　現在のクレジットカード取引を指します（同条3項1号）。なお、3項2号はリボ払いを規制しています。

なお、本条項に係る自主規制規則（第2節、8条の(2)）が日本クレジット協会により定められています。

・個別信用購入あっせん　クレジットカードを使うことなく、信販会社が、商品購入者に代わって立替払いをし、後日商品購入者から立て替えた金額を分割して返済してもらう方式です（同条4項）。

・指定商品、指定権利、指定役務　指定商品は施行令第1条別表第1で、指定権利は別表第1の2で、指定役務は別表第1の3で定めています（同条5項）。

・前払式割賦販売　商品の引渡しに先立って、買主から支払われた分割金を売主がその都度受領する方式です。この方式では、代金を受領した売主が商品を引き渡さない危険があります。割賦販売法は、この危険を防ぐため、販売業者を許可制とし、一定の営業保証金を供託することを義務付けています（同条6項）。

なお、「信用購入あっせん」という言葉が割賦販売法第3章にありますが、

これは、前述した個品割賦購入あっせん（旧称。現個別信用購入あっせん。2008年の改正で名称変更）と包括信用購入あっせん（旧称。現総合割賦購入あっせん。2008年の改正で名称変更）の２つを指しています。

〔割賦販売法の性格〕
　当初は、小売業者と割賦販売を行う事業者との間の取引秩序を図ることを目的とする業界規制法として誕生しましたが、その後、目的に「購入者等の利益の保護」を加え、「販売信用」に関する規定に重点をおく法律になってきました。

〔割賦販売法の改正〕
　前述したとおり、割賦販売法は制定以来41回も改正されてきました。そのうち主な事項を時系列に沿って並べておきます。

① 1968年改正
　・前払式割賦販売の規制を強化しました。
② 1972年改正
　・割賦販売にクーリングオフを導入しました。
　・ローン提携販売と前払式特定取引を新たに規制対象としました。
③ 1984年改正
　・割賦購入あっせんにクーリングオフを導入しました。
　・割賦購入あっせんに抗弁対抗規定を追加しました。
　・指定商品を大幅拡大しました。
　・リボルビング方式を導入しました。
　・個品割賦購入あっせんを規制対象としました。
　・過剰与信防止規定を新設しました。
④ 1988年改正
　・クーリングオフ期間を７日間から８日間へ延長しました。
⑤ 2008年改正
　・割賦の定義が見直されました。
　　「２カ月以上の期間にわたり、かつ、３回以上」の分割払いに加えて、

「2カ月を超える1回払い、2回払い」を規制対象としました（割賦販売法2条3項1号および4項）。これによりボーナス払いも規制対象となりましたが、包括信用購入あっせんの「翌月1回払い」（マンスリークリア）は単なる決済方式としての性格が強いとして規制対象から除外されました（112頁）。

- 指定商品・指定役務が廃止されました。
- 不適正与信防止義務が導入され、過剰与信が禁止されました。
- 過量販売契約解除が新設されました。
- 個別信用購入あっせん契約にクーリングオフが導入されました。
- 個別信用購入あっせん契約に取消規定が新設されました。
- 個別クレジット業者を登録制とし、改善命令や立入検査などの行政指導が強化されました。
- 個別クレジット業者に訪問販売を行う加盟店の勧誘行為について調査義務が課されました。
- クレジット業者に対し、指定信用情報機関を利用した支払能力調査義務が課されました。

⑥ 2014年改正
- 後払い分野における監督の基本方針を改定しました。
- 処分の審査基準を改正しました。
- 業務報告書の提出を義務付けました。

〔クレジットカード関連の規制法の抜け穴〕

　刑法の施行時においては、CD／ATM犯罪やクレジットカードの磁気テープの盗み読みなどのカード犯罪は、いずれも想定外の犯罪で、捜査当局や学会はどのような罪名を適用すべきか頭を悩ましたと伝えられています。蛇頭を中心とする大量の外国人犯罪者の密入国やクレジットカードの偽造も同様でした。刑法や関税法が改正されてこれらの犯罪に適切に対応できるまで、約5年間の空白期間が生じました。

　外国人犯罪者は、この法的空白期間を見逃さず「法の抜け穴」と称し、日

本に大挙押し寄せてきました。捕まっても軽い罪ですぐ釈放される、日本の牢屋はホテル並で居心地がよい、日本のポリスは決して拳銃を撃たない、強制送還されてもすぐ舞い戻れる、などとうそぶいて彼らは好き勝手な悪事を繰り返えした時期がありました。現在は法の整備もほぼ整ってきて（もぐら叩きは依然として続いていますが）、彼らの動きは押さえ込まれたようです。

## ●クレジットカード取締法の変遷と関連する主要法令

〔その変遷とは〕

　クレジットカード犯罪発生の歩みと、これらの犯罪を誘引として行われた刑法等の改正や新しい規制法の制定の歩みを整理すると次のとおりとなります。

① 第1段階（1960年代、カード犯罪黎明期）　犯罪形態は、カードを拾って使った、すられた、盗まれた、などシンプルなもので、対応する規制法も刑法など既存の法律で間に合っていました。

② 第2段階（1960年代後半～1980年代、知能犯台頭期）　CD／ATM犯罪が登場、磁気テープの窃取、改ざん、電子計算機の悪用、などの犯罪が散見され始めました。有線電気通信法の改正（1984年、第9条（有線電気通信の秘密の保護）、第13条（通信設備損壊、障害、妨害、罰則））並びに刑法改正（1987年、第161条の二（電磁的記録不正作出および共用）、第234条の2（電子計算機損壊等業務妨害）、第246条の2（電子計算機使用詐欺））が行われました。

③ 第3段階（1988年～1990年代、犯罪形態の複雑化、新法制定ラッシュ期）　債権の悪質な取立て、個人信用情報法の窃取・横流し、クレジットカードで購入した商品の処分ヤミルートの登場、地下銀行、クレジットカードの国内での偽造、海外で偽造されたカードの国内への持込み、スキミング、ネット上のなりすましなどの悪役が舞台に登場してきました。

　この動きに対応して次のとおり、法律を改正したり、古い法律を探し出したり、新法を制定したり、関係省庁、特に法務省はてんてこ舞いさせられたと伝えられています。

- 刑法の改正
- 割賦販売法の改正
- 有線電気通信法の改正
- 貸金業規制法（現貸金業法）の制定、1983年
- 債権管理回収業に関する特別措置法（サービサー法）の制定、1999年
- 電気通信事業法の制定、1984年
- 行政の保有する電子計算機処理にかかわる個人情報の保護に関する法律の制定、1988年

④　第4段階（2000年以降、IT技術を駆使する犯罪の多様化、取締りが本格化した時期）　海外で偽造されたクレジットカードの国内への持込み、IT技術を悪用するコンピュータ不正アクセス、ネット上の不正行為、ネット通販トラブル、ネットバンキング不正引き出し、携帯電話の悪用、個人信用情報の漏えいなど、犯罪が複雑・多様化し、これに対応して取締当局が、次に示すとおり、刑法等の抜本的改正と新法制定を武器に本格的取締りに乗り出しました。もぐら叩き最盛期と言えましょう。

- 組織犯罪処罰・犯罪収益規制法施行、2000年
- 関税法改正、無許可輸入、輸入禁制品の指定拡大、2000年
- 東京都ぼったくり条例の制定、2000年
- 不正アクセス禁止法制定、2001年
- 電子署名及び認証業務に関する法律制定、2001年
- 特定商取引法制定、2001年
- 金融機関等による顧客等の本人確認等及び預金口座等の不正な利用の防止に関する法律制定、2003年
- 個人情報保護法制定、2003年
- 出資の受け入れ、預り金及び金利等の取締りに関する法律改正、2006年
- 携帯音声通信事業者による契約者等の本人確認等及び携帯音声通信役務の不正な利用防止に関する法律、2006年

- 貸金業法制定、2006年
- 犯罪収益移転防止法制定、2007年
- 犯罪利用預金口座等に係わる資金による被害回復分配金の支払等に関する法律、2008年
- 消費者安全法制定、2009年
- 割賦販売法改正、2009年
- 特定商取引法改正、2009年
- 貸金業法改正全面施行、2010年
- 資金決済法制定、2010年

〔**クレジットカードに関係する主要法令**〕

　クレジットカードにかかわる主な法律として、民法、刑法、破産法、弁護士法、出入国及び難民認定法、有線電気通信法、利息制限法、割賦販売法、貸金業法、行政機関の保有する個人情報の保護に関する法律、前払式証票の規制等に関する法律（2010年4月1日、資金決済法の施行に伴い廃止）、債権管理回収業に関する特別措置法、不正アクセス禁止法、電子署名及び認証業務に関する法律、出資の受け入れ、預り金及び金利等の取締りに関する法律、組織的な犯罪の処罰及び犯罪収益の規制等に関する法律、金融機関等による顧客等及び預金口座等の不正な利用の防止に関する法律、個人情報の保護に関する法律、闇金融対策法、特殊開錠用具の所持の禁止等に関する法律、外国為替及び外国貿易法、偽造カード及び盗難カードを用いて行われる不正な機械式預貯金払戻し等からの預貯金者の保護に関する法律、犯罪による収益の移転防止に関する法律、商標法、東京都ぼったくり条例などの法律があげられます。

### ●法改正後の動き

　マンスリークリア方式が規制対象外となっているために、この方式を悪用したトラブルが急増しています。サクラサイト商法（注1）や情報商材（注2）においてマンスリークリア方式が多用され、また、加盟店調査義務を課されないクレジット業者や小規模店が取引内容を把握していないケースが急

増していると伝えられています（日経2014年9月18日）。新たなモグラが後を絶ちません。

(注1)　サクラを使って利用者から金銭を騙し取る悪質・違法な商法です。

(注2)　ネット上で、株式売買正攻法、異性にもてる方法、競馬予想などのハウツー情報を売買する商法です。悪質な情報が紛れ込みやすく苦情が絶えません。

　冒頭で触れましたように、カードを直接・間接的に規制する主な法律は3つあります。割賦販売法、金利を規制する出資法、貸金業者の作為を規制する貸金業法です。割販法と出資法の説明は終わりました。次項で、貸金業法について勉強しましょう。もぐら叩きという言葉を私はなんべんも使いました。弱い立場にある消費者、借金に苦しむ多重債務者などをさらに苦しめる悪徳貸金業者＝もぐらを取り締まる法律がどのような経緯で誕生したか調べてみましょう（第2部第5項参照）。

---

【忘れがたき思い出⑧】知ってゾッとしたPOCの正体のこと

　POCとはPoint of Compromiseの頭文字で、カード業界の専門用語です。Pointは店先、compromiseは名誉を傷つける、危険に曝す、などを意味します。POCはわかりやすくいいますと「自店に蓄積されたカード情報を横流しする不良加盟店」のことです。私は1992年、1週間ほど出張で香港の某有名ホテルに泊まっていました。このホテルの接客マネージャーが顧客の宿泊名簿からクレジットカード情報を盗み出し、深夜に「つなぎ屋」に手渡している姿を隠しカメラがとらえました。香港警察で私はこの映像を見てゾッとしました。ホテルに出入りするたびに愛想のよい笑みを浮かべながら挨拶していた恰幅のよい支配人が、POCの犯人でした。カード犯罪グループの手広い犯行手口を示す好例でした。

## 17 知らなかったではすまない クレジットカードの落とし穴

　クレジットカードが日本に導入されたのは1960年頃でした。その時から約半世紀が経過しました。この間、カード業界の努力によりクレジットカードは広く普及し、いまやカードなしでの生活は考えられなくなっています。

　反面、裏社会の犯罪者にとってもクレジットカードは宝の山となり、それなりに彼らの生活を潤しています。しかし、彼らの活躍（？）により　貴重な人生を失った人もたくさんいます。クレジットカードは便利です。しかし怖ろしいものです。「たかがカード、されどカード」です。本項は、クレジットカードの「落とし穴」という観点からこの小文をまとめてみました。

●必ず守らねばならない３つのルール

（１）　クレジットカードが届けられたらすぐサインすること

　新しいクレジットカードが届けられたら、すぐ裏面の書名欄にサインをしておきましょう。サインせずに持ち歩き、うっかり落としたり、掏られたり、盗まれたりしたらどうなるか。不正に手に入れた人は、これ幸いとばかり自分で署名して利用限度額まで使いまくります。ゴールドカードやブラックカードなどは、利用限度額はかなり高額に設定されています。きちんと署名していれば、すぐ紛失届けを出し損失を保険でカバーできますが、サインなしの場合の損失は自己責任となります。現金10万円落とせば（掏られれば）、あなたの損失は10万円で済みますが、１枚のカードを落とせば、損失は数百万

円に達することがあります。

　（2）　家族や友人でも決して他人には渡さないこと

「これ、代わりに使って払っておいて」と他人に頼むことがありがちですが、クレジットカード会社との間の契約違反になります。何か事故があり損失が発生すると責任を問われます。

　（3）　暗証番号（PIN＝Personal Identification Number）を他人に漏らさないこと

暗証番号は、あなたとカード会社との間で決められた特別な番号で、「あなたであること」を立証する番号です。PINは「暗証番号」と訳されており、ちょっとわかりにくいですが、英語の「identification」は「ある人であることを見分けること」という意味です。要するにあなたの身分証明番号です。日本人は案外このPINの扱いがルーズだといわれています。絶対に誰にも教えないようにしましょう。いったん他人に漏れるといくらでも悪用されてしまいます。

## ●クレジットカードの落とし穴

〔蟻地獄に陥りやすいリボ払い〕

蟻地獄をご存知ですね。軒下などの乾いた砂地にすり鉢状のくぼみを作り底に潜んで獲物を待つウスバカゲロウ科の「アリジゴク」という虫です。蟻が迷い込んでくると、砂をかけ底まで落とし込んで捕食します。蟻がもがけばもがくほどジリジリと底に落ちていく様は哀れです。人間界の借金地獄と似ています。

リボ払いの仕組みは第1部第10項で説明しました。この制度で最も用心すべきことは、いつの間にか借金の残高が何百万円にも膨れ上がってしまっていることです。

蟻地獄と同様、リボ地獄という言葉があります。安易な気持でリボ払いを始め、気がつくと借金は数十万円、数百万円という借金地獄に陥り、もがけばもがくほどズルズルとすり鉢の底へと落ちていき、骨までしゃぶられることとなります。

〔年会費無料にご用心〕

　年会費無料というカードには、充分注意すべきです。「無料」とあるのですぐ飛びつくのは危険です。会員規約をよく読んでおきましょう。たとえば、次のような点に注意してください。

　①　最初の××年間（たとえば2年間）は無料ですが、その後は有料に切り替わります。
　②　募集時無料とあるので安心していたら、途中で突然有料に切り替わります。気がつかずにいると、いつの間にか年会費が徴収されだしていることがあります。
　③　年会費は無料でも、解約時は有料です。
　④　年会費は無料でも、カード発行手数料が徴収されます。
　⑤　無料なのは条件付きで、1年間でたとえば10回以上、あるいは10万円以上カードを使った場合のみ無料となり、この条件を満たさないと有料になります。
　⑥　リボ払いにしなければ有料となります。
　⑦　年会費は無料でも、会員費や盗難保険料がかかります。
　⑧　大学生時代は無料ですが、社会人になると途端に有料となります。

〔その他の落とし穴〕

・手許に現金がなくても買物ができる　　クレジットカードはまことに便利なものです。お金の持ち合わせがなくても買物ができます。気が緩みつい不要な買物をしてしまいます。
・金持ちになった気分になる　　カードを持つと、一種の催眠状態に陥る人がいます。「いつでも、どこでも、何でも買える」という気分になるわけです。余りにも簡単にお金を使ってしまいます。
・みんなが使っているから自分も使ってよい、という気になる　　みんなで渡れば怖くない、という心理状態です。「カードは誰でも持っている、使っている」という気分が強くなり、借金するという気持が薄れてしまいます。
・計画的にお金が使えなくなる　　現金で生活していると、必要なものをま

ず購入する、という優先度が気になりますが、カードを持つと、この計画性が失われていきます。

・節約の心が失われる　　カードは便利です。家の中で寝そべっていても、おいしいもの、欲しいものをネットのワンクリックで届けてもらうことができます。節約心、勤倹貯蓄の心が失われていきます。

・むやみやたらにカードを持ちたがるようになる　　ポイントに気をとられて、進められるままにハウスカードを申し込み、財布の中身はカードのみとなります。カードの維持費用を一度じっくり考えてみてください。

・クレジットカードを落としたら　　くどくど繰り返しません。悪用されたら、利用代金はすべてあなたに請求されてきます。

・カードの利用明細書の中身をチェックしないで捨ててしまう　　これは怖いことです。他人が悪用したことも気がつかず、カード利用代金はあなたの銀行口座から引き落とされています。

・すぐキャッシングする　　ATMがあればいつでもキャッシングができ、便利ですが、「現金は大切に」という心理が弛緩します。クレカ貧乏という言葉をご存知ですね。

・カードで他人におごりたがる　　虚栄心の現れの一種です。見栄を張って「おれが払っておくよ」とやりがちになります。

・クレジットカード代金の支払いをつい忘れてしまう　　個人信用情報網の怖さを充分認識すべきです。自動振替制度で引き落とされる銀行残高が不足して催告され、あわてて残高を補充するという経験を持っている人は多いようです。このたった1回の事故情報は原則として10年間個人信用情報機関に記録され、あらゆる金融機関に流れ、必要時に参考とされます。「クレジットカード・ヒストリー」という言葉を覚えておいてください。あなたのカード情報は些細なことでも一切記録されているのです。アメリカ人はこのクレジットカード・ヒストリーをとても大事にしており、場合によっては裁判沙汰も辞さないといわれています。これに比べて、日本人の暢気なこと、ただただ呆れるばかりです。

### ●クレジットカード利用限度枠は厳守する

利用限度枠は次の図のとおり分解されます。例をあげておきます。

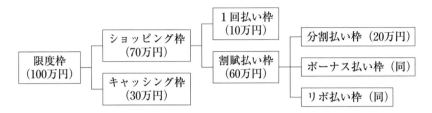

割賦払い限度枠60万円を使い切ってしまうとどうなるのでしょう。カード会社から「限度枠を増やしましょうか」と電話がかかってくる場合がありますが、これは会員が優良である場合に限ります。会員のほうから限度枠の増枠申請という手もありますが、このときの審査はとても厳しくなります。めったにOKは出ません。

増枠が認められない場合は、このカードはもう使えません。やむを得ず、別のカード会社に新しいカードを発行するよう頼むこととなります。こうして、借金を返済するためのカードがまた1枚増えるわけです。新しいカードも手に入らなくなったらどうなるか、銀行ローン（かつてのサラ金）に頼るしか方法はなくなります。その後は、ヤミ消費者金融会社に頼るしかありません。借金地獄、蟻地獄、多重債務者へと陥っていく始まりです。

### ●カード即日発行の落とし穴

先ほど言った蟻地獄と呼ばれる虫と似ているのが「カード即日発行」を宣伝する一部の悪徳業者です。審査もせずカードを作り、法外な発行手数料をせしめ、次の「限度枠現金化」業者を紹介します。この業者は、手を組んでいる悪徳商店を紹介し、ショッピング枠一杯まで高級品を買って来るように勧め、商品を安く買い叩き、僅かな現金を払います。この人の借金残高はさらに膨れ上がるわけです。

### ●クレジットカードを持たないほうがよいタイプの人

持つ人の性格の問題です。厳しい言い方ですが、次に述べるタイプの人は、クレジットカードをなるべく持たないほうがよいと愚考します。

① お金にルーズな人

② だらしない人

③ 極端なお人よし

④ 虚栄心が強い人

●持ちたい人から持たない人へ

「クレカ貧乏」という言葉があります。ステータス・シンボルとか、マイルが貯まる、限定ポイント５％、などのカード会社の巧みな宣伝に乗せられて、カードを持つ人が増えています。クレジットカードを利用する人は貧乏な人が多い、金持ちならわざわざ高い金利を払って支払いを先延ばししなくても、現金で払ってすべて終わりとします。

カード人間になるか、現金人間か、あなたはどちらを選びますか。なお、カードを使うとしても、翌月１回払いは、現金払いと同じであることを付け加えておきます。

### 【忘れがたき思い出⑨】有難い海外旅行体験のこと

フルブライト留学生、日銀NY勤務時代に米国の主要な州はほとんど訪れることができました。その後、手元に残った古びたパスポート、各国のコイン等、写真などを整理して、MasterCard時代のセキュリティ会議関連で20カ国の主要都市や観光名所を訪れる機会に恵まれたことを思い出しました。当時はまだ海外旅行は困難な時代でした。得がたい機会をいただき有難いと思っています。私は、なぜか、嵐に遭って難破し米国の捕鯨船に拾われて米国で教育を受け、その後幕末に帰国して活躍した土佐の漁夫、ジョン万次郎（本名中濱萬次郎）の一生を思い出します。

## 18 一老兵が体験した忘れがたい クレジットカード業界の「四方山話」

クレジットカード業界に長年にわたってかかわってまいりましたが、愛着ひとしおのクレジットカード業界から消え去ろうとしている一老兵の「四方山話」を聞いてください。いろいろ経験しました。いろいろなハプニングがありました。思い出深い出来事の幾つかを取り上げておきましょう。

### ●セキュリティ・オフィサーのこと

1990年、私はMasterCard International東京事務所の在日副代表の肩書きに加えてセキュリティ・オフィサーという肩書きを与えられました。当時、MasterCard Internationalは世界を6つのRegion（地域）に分け、各地域ごとにセキュリティ担当部門を設け（アジア地域の拠点はシンガポール）、さらに各地域の主要国にセキュリティ・オフィサーを配置し、これらのすべてを本社のセキュリティ本部が統括するというピラミッド型の体制をとっていました。私はこのピラミッドの構成員に組み込まれました。世界各地域、各国と連携するこの部門は、国際刑事警察機構（ICPO）、FBI、ICA、Secret Serviseとのつながりを持ち、クレジットカード関連の犯罪情報交換、犯罪防止を目的に活動していました。

私は、本部で厳しい特訓を受けました。研修内容は広範にわたり、ズブの素人にとって驚くべき内容でした。このポストにおける約5年間の経験はきわめて有益かつ面白いものでした。カードの偽造方法、ATM関連の犯罪手口、カードに埋め込まれた犯罪対策、加盟店犯罪の詳細、カード偽造手口とその

主な拠点、世界中に張りめぐらされている防犯装置などで、日本における勤務中大いに役に立ちました。

### ●ボイラールーム急襲のこと

とある香港の高層ビルの地下には、冷暖房、給排水、換気などの装置やパイプが縦横無尽に詰め込まれ、ムッとした空気に包まれていました。パイプとパイプとの僅かな隙間に机と数脚の椅子、裸電球、机上にはエンボッサー、エンコーダー、生カードの束、インプリンター、磁気テープなどの商売7つ道具が散らばっていました。これが香港におけるカード偽造拠点の1つでした。密告を頼りに香港警察が急襲したシーンの一コマでした。私もピストル片手に、オーストラリア出身の警官の背中に張り付いて走りました（無理に同行を願い出て、やっとお許しを得た次第でした）。残念ながらタッチの差で犯人は逃げ、もぬけの殻でした。

東京では、ある大きな百貨店で犯人逮捕の場面を見たことがあります。このとき活躍したのは警察官ではなく、カード会社のセキュリティ部門の猛者たちでした。いずれも体育会系の柔剣道の黒帯たちで、取っ組み合いの後、偽造カードの持主（中国人）は駆け付けた警官に引き渡されました。

### ●POCのこと

Point of compromiseの頭文字です。Compromiseを普通の辞書で引くと「譲歩、妥協」などの意味が出てきます。IT関連の辞書によると、コンピュータ・セキュリティ関連用語として、危険、名誉、評判、信用などを危うくすること、危険に曝すこと、という意味が出てきます。すなわち、POCとは「カード情報を危険に曝す場所」と訳すことができるでしょう。具体的にいうと加盟店やホテルなどに設置されているATMのことです。

このATMを利用した犯罪の実例は113頁のコラムを読んでください。

### ●香港コネクションのこと

蛇頭をはじめとする中国人の密入国が盛んに報じられていた頃、私が入手した香港犯罪グループの各国に広がる分布図のことです。第1部第19項の「内側から見たクレジットカード業界の七不思議」を読んでください。

### ●米と魚のこと

この話も香港警察の思い出の1つです。当時の香港警察は二重構造からなっていました。ピラミッドの上の方はオーストラリアや英国人の警察官が大分部を占め、下の部分の大半は現地出身者の警察官からなっていました（現在のことは知りません）。日本びいきのオーストラリア人警察官と仲良くなりました。彼らの仲間は出撃するときによく「give them rice and fish」と怒鳴り合います。「犯罪者を捕まえろ」という合言葉だそうです。私はこの言葉を耳にするとすぐ「すし」を連想しました。「犯人にすし？」と不思議そうな顔をしていましたら、彼は「すしじゃないよ、高粱飯(こうりゃんめし)と腐った魚のことだよ」と教えてくれました。

### ●SSとCIAのこと

米国のSecret Service（＝SS）は、主に大統領およびその家族を警護する財務省（同時テロが発生した2001年に国内安全保障局に移管）の執行機関です（日本では警視庁警備部警護課の警察官SPが担当しています）。SSの最初は、南北戦争時代、偽造通貨の横行に対処するために創設された防諜・捜査機関でした。その後、その任務の一部をFBI、アルコール・タバコ・火器及び爆発物取締局、入国税関管理局、内国歳入庁へ移管し、現在の主任務は大統領の警護となり、さらに、偽造通貨の取締り、不正経理犯罪・個人情報窃盗捜査、ハイテク科学情報の提供、政府小切手・トラベラーズチェックの偽造調査、クレジットカード詐欺調査などを担当しています。

MasterCardのセキュリティ本部も親しく付き合っています。なぜかわかりませんが、CIAとSSとは仲がよく、両者とも神出鬼没、世界中を飛び回っているようです。1996年、プノンペンの北朝鮮大使館の車が100米ドルの偽札と元赤軍メンバーを乗せてタイに入国し逮捕された事件がありました。その時、私はたまたまバンコクにいましたが、顔見知りのSSさんにばったり会ってビックリしたことを覚えています。

### ●偽造カードと偽札作りのこと

『贋金王』(佐藤清彦、青弓社)という本を読んだことがありますか。明治維

新から現代までの贋金作りの話をまとめたものです。一読に値します。通貨の変造・偽造事件がしばしば報道されています。隣の大国からやってくる「招かれざる客」は手先が器用で頭がよく、仲間の団結心が強く、何でも巧みに真似してしまいます。日本にやってきて偽造カードを作っていましたが、取締りが厳しくなると、今度はマレーシアに移ってせっせと仕事に励んでいるようです。しかも彼らは自分ではこのカードを使いません。振り込め詐欺の主犯と同様、子分を使い自分は逮捕の危険を避けています。

● tip for ratsのこと

　Tit for tatという米語があります。「売り言葉に買い言葉」という意味の俗語です。昔、VISA International東京事務所に勤務していた頃の話です。本部からセキュリティ・オフィサーが東京に派遣されてきました。FBI出身のすらりとした寡黙な紳士でした。よく東京事務所を拠点としてアジア諸国へ出張していました。当時、私はセキュリティ・オフィサーの存在すら知りませんでした。彼は、時々オフィスに顔を出すと、私に「１ドル札で100ドルくれ」と言ってドルを持っていきました。「何のために？」と不思議に思い、ある日「for what？」と尋ねたところ「tip for rats」という答えが返ってきました。私の語学力では理解できませんでした。

　Tit for tat（売り言葉に買い言葉）という単語の聞き間違いかなと首をひねったわけです。書いてもらいやっと、「ドブネズミどもへのチップ」という意味だと理解することができました。彼は危険なところへ出かけては、今野敏氏の数多い警察小説にしばしば登場するいわゆるＳ（＝spy）から情報・密告を聞き出していたわけです。彼はフィリピン、マレーシア、香港などによく出かけていました。

● 幽霊伝票のこと

　銀行業界は郵政省と仲が悪く、「郵貯肥大化反対」、「官による民業圧迫阻止」を叫び続けていることは、皆さんご存知のとおりです。1984年、これまた犬猿の仲の信販業界の雄、日本信販（現：三菱UFJニコス）が郵貯と組んで「日本信販・郵貯ジョイントカード」を発行し、1987年、VISA International

がこのカードにVISAブランドを付与しました。怒ったのは住友クレジットサービスを旗頭とする銀行系のVISAジャパン（現：VJA）でした。しっぺ返しに出ました。カードの磁気テープには、企業コード、業態コード、発行社コードなどが刻まれており、売上伝票の仕分け、処理に利用されています。伝票の決済機関であるVISAジャパンは、この提携カードの磁気テープの発行社コード等の登録を拒みました。その結果、この提携カードにより生じた売上伝票は正規のプロセスに乗せてもらえず宙に浮き、決済できなくなりました。VISAジャパンはこの宙に浮いた売上伝票の束をゴムひもでくくり、毎日どさりとVISA International東京事務所へ送りつけてきました。私は、この伝票を幽霊伝票と名付けました。この幽霊伝票を処理するため、毎夜残業を強いられひどい目にあいました。思い出すと今でも腹が立ちます。

● ゼロ暗証番号のこと

1970年～1980年代、銀行の窓口に座っているお嬢さんたちは、カードを作ることに戸惑う客に「キャッシュカードの暗証番号は誕生日や住所の番号にすると忘れません」と親切に教えていました。今では考えられないことです。当時、銀行は預金者の申し出た暗証番号を生文のまま磁気テープに入力していました。

1988年、ある大企業の傘下にある会社のシステムエンジニアがこの事実に気づき、某大銀行の行内にあるATMの横に置かれた屑箱から明細書を拾い出し、口座番号や暗証番号などの個人情報を読み取ってキャッシュカードを偽造、数百万円をATMから引き出しました。この事件をきっかけに、銀行は磁気テープの暗証番号を入力する位置にゼロを4つ並べ、客の暗証番号は別のホストコンピュータに保存する扱いに切り替えました。この事件をゼロ暗証番号事件といいます。銀行業界のセキュリティ対策への配慮がいかに甘かったかを示す事件でした。なお、私はこのほど「暗唱番号はなぜ4桁か」と題し、暗証番号について詳しく調べた記事をまとめました。紙幅の関係上、この本に載せることはできません。残念です。

## 18　一老兵が体験した忘れがたいクレジットカード業界の「四方山話」

### ●ATMの思い出

「ATMのお陰でオリンピックを見ることができた」、何のことでしょう。私は不思議とATMとスポーツに縁があるようです。1988年、VISA Internationalがスポンサーの一員として、第24回ソウル・オリンピックの会場で当時まだ珍しかったグローバルATMを展示しました。私はATMの責任者として3週間ソウルに滞在し、各種の競技を見ることができました。現地の人はATMの周りをぐるっと取り囲み、「あの箱の中には人が座っている」と囁いていました。

また、1994年、広島（本場のお好み焼きが懐かしい）で開催された第12回アジア・スポーツ大会で、MasterCardがスポンサーの一員となった関係で会場にいました。当時、郵政省が来日外国人のために急拠設置したMasterCard Internationalのグローバル ATMの責任者として広島に派遣されたわけです。イラン人とマレーシア人の合作による偽造カード事件がありました。犯人は暗証番号が合わず引き出しは未遂に終わり、偽造カードをATMの内部に残したまま逃走しました。

> **【忘れがたき思い出⑩】時差ぼけ、体内時計の逆回りのこと**
>
> 　人によって異なりますが、時差のある2箇所を飛行機で移動すると体調が崩れます。通称時差ぼけと称されています。体内時計が狂うとも言われています。この変調は、船でゆっくり移動する場合には起こりません。私は、このような移動を短期間に逆方向、つまり、米国から帰国し翌日、香港に飛ぶという激務を繰り返したとき、この症状に悩まされるようになりました。齢をとって疲労がたまると、体内時計は完全に狂ってしまいます。何回か、救急車のご厄介になったこともありました。ファーストクラスでの移動は、この病状を救ってくれました。

## 19 内側から見たクレジットカード業界の七不思議

> 「越後の七不思議」、落語の「本所の七不思議」については皆さんよくご存知のことと思います。「七不思議」とは、ある場所、ある所で起こる不思議な現象を指します。私は長い間クレジットカード業界にかかわり、その内部事情を見てきました。その間にいろいろな出来事や事象に出くわしました。現役を離れてもいまだに首をひねることが幾つか思い出されます。今回は、真面目さ半分、面白さ半分でこれらの事象を「七不思議」と題してまとめておきましょう。

### ●ガラパゴス・シンドローム

最近「ガラパゴス」という言葉がよく目につきます。「ガラパゴス」は、エクアドルが領有する大小の島と岩礁の名前です。エクアドル本土から太平洋を西へ900km離れたところに点在する離れ小島です。かつては、金を積み込んで航海するスペイン船を襲う海賊の隠れ家になっていたこともありました。この島に生息する生物は、何万年の間大陸との接触がないまま島内で繁殖して特異な生態系を備えており、1978年、世界遺産（自然遺産）に登録されています。

このことから、メディアは諸外国から隔絶され世界標準とは異なる形で進化することを「ガラパゴス化」、あるいは「ガラパゴス化現象」、または特異の病状として「ガラパゴス・シンドローム」と呼ぶようになりました。

日本のカード業界は、ある時期、世界からこのガラパゴス化現象の好例として注目されたことがあります。

いくつか例をあげましょう。
① 信用照会端末機の回線（CAFISとCATNET）をめぐるIBM（国際規格）と電電公社（国内規格）の熾烈な争い
② 加盟店開放問題
③ 磁気ストライプを表貼りとするか裏張りとするか、あるいは、両面張りを許すかの問題
④ グローバルATMへの配慮の欠如
⑤ ガラケー（ガラパゴス化した携帯電話）
⑥ おサイフケータイ、Felicaの搭載、など

日本の技術レベルは世界で最高と言われています。それなのになぜこのようなガラパゴス化現象が起きるのでしょうか。前にも述べましたが、外国語が苦手、現地人との付き合い下手、現地環境に馴染めない、小さいところにたくさん詰め込むことを好むという、島国日本独特の国民性によるものでしょうか。日本の優秀な技術者はなぜ、世界の流れ、世界で標準的に採用されている誰にでも適合する規格に目を向けないで、国内での激しい競争の下、国内のニーズのみに目を向け、コストを無視した独自の国内規格を作り上げてしまうからでしょうか。はっきりわかりません。

● カード会員のガードの甘さ

オレオレ詐欺、振り込め詐欺、特殊詐欺、名前は変わっても中身は変わりません。主として1人暮らしの老人から大金をむしりとる悪質な詐欺犯罪です。手口が巧妙化し、グローバル化しています。共通点が2つあります。その1は、コロリと騙される被害者、その2は、騙された老人はお金持ち、の2点です。警視庁も余りの悪辣さに本腰を入れて取締りを強化し始めています。NHKも毎晩7時のニュースの前に「ストップ詐欺被害！ 私はだまされない」と題して詐欺手口のキーワードを噛んで含めるように放送しています。しかし、被害者は後を絶ちません。なぜでしょう。

クレジットカード犯罪に対するカード会員のガードの甘さも、振り込め詐欺の被害者の甘さと似ています。カードを掏られる、PIN（暗証番号）を簡単

に他人に教えてしまう、PINを読み取られる、ネットでIDをハッキングされる、クレジットカード・ヒストリーにあまり関心を払わない、これらを一口でいえば、日本人はクレジットカードのガードが甘いのです。私は米国における生活経験やセキュリティオフィサーとしての体験を通じ、日本人とアメリカ人とのクレジットカードに対するガードの格差をよく見てきました。日本人は、すぐ他人を信じる、生来のお人よしです。

### ●クレジットカード業界の壁

銀行系、信販系、流通系、交通系、小売業系、メーカー系、航空系、消費者金融系、ノン・バンク系など細かく分類されたクレジットカード会社を眺めて明らかなように、クレジットカード業界は業態別の高い壁に仕切られています。個人信用情報機関のあり方、初期の加盟店開放問題、いずれもこの業態別排他性の問題から生じたものです。この高い壁は、何もクレジットカード業界に限ったものではありません。調べてみると、大手企業と中小企業との間、建設業、IT企業、製薬業、学会などのいたるところにこの壁が存在しています。政治性あるいは規模の大きさは別としても、万里の長城やベルリンの壁が思い出されます。

経済社会で市場のシェアを争う企業がライバル社を敵視し、自社の顧客を囲い込み、業態内で蓄積された顧客情報を相手に渡すまいとする気持はよく理解できます。しかし、経済のグローバル化が進む現状において、小さな島国において、お互いが壁を作りせめぎ合う姿は一体いつまで続くのでしょうか。謎の1つです。

### ●JISへの関心の低さ

ご存知のことと思いますが、JIS（＝Japan Industry Standard）は日本の国家規格のことです。自動車や電化製品から始まって広い範囲にわたり、文字コード、プログラムコードなど情報処理も含み、産業カテゴリーごとにAからXまで分類されています。クレジットカードの磁気ストライプは情報処理関連部門のXで、JIS-1型とJIS-2型（国際規格のISOでは7811番）で登録されています。登録手続は、関係者が所定の手続に従って関係省庁に登録申請を

行い、一定の審査を受けて正式に登録されることになります。関係者が能動的に動くことが求められています（ノーベル賞の場合は、ノーベル委員会が候補者を選定する、すなわち、候補者は受動的な立場にある点と正反対です）。登録全般の仕事は日本規格協会が行います。

　少し古い話ですが、経済産業省が2007年1月に三菱総合研究所に委託して、日本企業・日本人のJISに対する関心度を調査したことがあります。その調査報告「JISマークに関する一般消費者アンケートの結果について」によりますと、「関心度は低い」と報告されました。日本規格協会の調べによると、クレジットカード関連のJIS登録は1998年に僅かに2件にとどまったそうです。その後、ICカードの普及により登録件数は2000年代に入ってから少し伸び出したそうです。なぜカード業界のJISに対する関心度が低いのか、クレジットカードが登場した1960年頃は、日本人のJISへの関心度が極めて希薄でした。そこへ米国生まれのクレジットカードが持ち込まれたのでJISへの配慮はほとんどなかった、という説がありますが、ピンときません。

### ●偽造カードをめぐる銀行とカード会社のスタンス

　偽造クレジットカードによる被害の補償は、なぜ法制化されないのでしょうか。2000年前後の偽造クレジットカード認知件数と偽造キャッシュカード認知件数とを比べると、下表のように前者が後者を上回っています。2003年頃からスキミングの手口を使ってカードを偽造する事件が社会問題化してきました。銀行はいち早くこれに対応し、2006年2月10日、「偽造カード等及び盗難カード等を用いて行われる不正な機械式預貯金払戻し等からの預貯金者の保護等に関する法律」が施行されました。全銀協を中心とする銀行側のロビー活動が効を奏したわけです。

|  | 1999年 | 2000年 |  |
|---|---|---|---|
| キャッシュカード | 2,018件 | 2,997件 | 以降発表なし（合算して計上） |
| クレジットカード | 3,212件 | 3,622件 | |

（警察白書による）

　クレジットカード業界には、銀行側のような素早い動きは見当たりません。

その理由として次の点があげられています。
① 被害は、チャージバック制度である程度救われる。
② 被害は、保険でカバーされている場合もある。
③ カード会社の長年にわたる偽造カード対策が一種の免罪符となっている。
④ クレジットカード業界は銀行業界における全銀協のようなしっかりしたロビー活動機関を持っていない。

いろいろな理由がありますが、「なるほど」と100％頷(うなず)ける理由はありません。

●クレジットカードを規制する法律

わが国には現在、クレジットカードを単独で規制する法律はありません。前述したとおり、主として3つの法律、すなわち、決済については割賦販売法、金利については出資法、貸出しについては貸金業法が中心となり、その他必要ある場合、ケースバイケースでいろいろな法律が適用されています（第1部第16項の「広範に及ぶクレジットカードを規制する多様な法律」を読み直してください）。立法手続からみると、政府立法、議員立法、特別措置法制定など、いろいろな方法があるようですが、緊急事態に対応する特別措置法はカードの単独規制法の制定手続としては不適当でしょう。議員立法が望ましいのでしょうが、クレジットカードに熱心な族議員は見当たりません。となると、政府立法しか残っていませんが、歴代の政府においてクレジットカードに強い関心を払う内閣はありません。

日本銀行もクレジットカードにはあまり関心を持っていないようです（最近、ようやくクレジットカードを担当する班が設けられたようです）。「カード社会の到来」などとメディアが囃(はや)し立てる割には、政府、議会、財界とも単一法の制定には無関心のようです。はっきりした理由を見つけることはできません。

●外国人犯罪対応の甘さ

蛇頭、香港三合会、香港爆窃団、韓国すり、マレーシア産の偽造カードな

どの名前を覚えている方も多いと思われます。わが国は、かつて、外国人犯罪者から、日本は俺たちの天国だ、日本人はお人よし、金庫（ATM）が大通りに放置されている、取締法は穴だらけ、刑罰は軽い、日本のポリスは優しい、決してピストルを撃たない、留置場はホテル並で待遇がいい、強制送還されてもまたすぐ舞い戻れる、などと言われ、密入国者が大挙して押し寄せてきた時代がありました。今では、彼らの言い分はほとんど夢と化したようですが、それでも、彼らの跳梁は後を絶ちません。中国、韓国、マレーシア、コロンビア、ロシアなどからの「招かれざる客」(persona non grata)によるカード関連犯罪に私どもも歯軋りした記憶があります。

ご参考までに、私が香港警察当局から入手した「香港マフィア」の分布図を紹介しておきます。

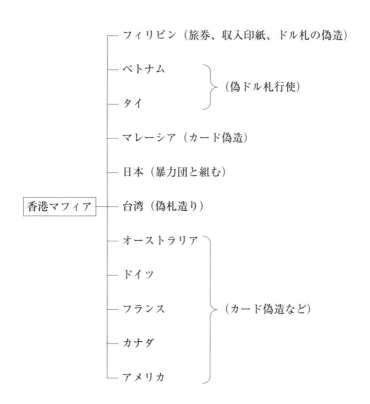

## 20 著者が想像するわが国の現金社会とクレジットカードの未来像

> 「消費大国である日本では、諸外国に比べてクレジットカードがあまり利用されていない、なぜか？」という質問を、私は、VISAやMasterCard本部からときどき来日するお偉いさんから受けました。「低い」と言ってぶつぶつ嘆くタイプと、「低い、だから将来性がある」と勇み立つタイプとがありました。この質問をめぐる会話によく出てきた単語に、「現金社会」と「カード利用度」という言葉がありました。当時は私もこれと言った知識もなく、もっぱら聞き役に回っていました。今となり、少し答え方がわかってきたような気がします。以下、いくつかの角度からこれをまとめてみましょう。

### ●現金社会とは何か

〔現金社会の定義〕

　現金社会とは「現金選好が高い社会」、「現金嗜好が強い社会」、あるいは、「現金を持っていることで安心し、現金で支払うことを好む人が多い社会」という意味です。「金選好」という言葉があります。金（gold）を好む意味です。それなら現金選好という言葉があってもよいはずです。ある国、ある社会が現金社会であるかどうかは、あくまで比較の問題です。一定の定義があるわけではありません。いろいろな統計の数字を較べてみて現金社会と言うわけです。

## ●現金社会を示す統計

〔現金が個人金融資産に占める割合（日銀2012年の調査資料）〕

|  | 日本 | 米国 |
|---|---|---|
| 2003年度末 | 56.2% | 15.5% |
| 2008年度末 | 55.4% | 15.2% |
| 2011年度末 | 55.7% | 14.7% |

〔日米の個人消費に占める決済手段別シェア比較（クレディセゾン2013年度決算説明会資料）〕

|  | 日本（年度末） | 米国（年末） |
|---|---|---|
| 現金 | 55.8% | 20.1% |
| クレジットカード | 12.7% | 26.7% |
| デビットカード | 0.2% | 22.5% |
| 銀行振込・口座振替 | 22.7% | 13.1% |
| プリペイドカード・電子マネー | 2.6% | 4.3% |
| コンビニ決済 | 3.0% | ― |
| 小切手 | ― | 13.4% |
| 代金引換 | ― | ― |
| ペイジー | 2.9% | ― |

〔日本の決済手段比率（VISA Worldwide Japan調べ　2012年1月11日）〕

| 現金 | 84.0% |
|---|---|
| クレジットカード | 14.4% |
| プリペイドカード・電子マネー | 1.3% |
| デビットカード | 0.3% |

〔クレジットカード利用率（㈱JP Press社調べ　2010年1月19日）〕

　日本では、取引の85%が現金で決済されている。

〔ATM現金引出限度額（YAHOO検索）〕

| 日本 | 原則として50万円 | |
|---|---|---|
| 米国 | 大手銀行 | 400ドル（約4万8,000円） |
|  | 小銀行 | 200ドル（約2万4,000円） |
|  | 特約で | 1,000ドル（約12万円） |

## ●クレジットカード利用度とは何か

「クレジットカード利用度」は簡単にいうと買物をする際、あなたはどの程度クレジットカードを使うか、ということです。カードの使用頻度が高ければ、「クレジットカードの利用度が高い」、というわけです。現金社会という言葉があるのならば、「カード社会」という言葉があるはずです。なぜ、現金社会やカード社会が存在するのでしょうか。理由はいろいろあるようです。後で説明しましょう。

## ●クレジットカード利用度を示す統計

2001年から2010年までの10年間で、カードの利用度は2倍の伸びを示しましたが、民間最終支出に占めるクレジットカードの支払額の割合は12%に過ぎません（㈱フェアカード社調べ）。

〔クレジットカード利用度〕

| | |
|---|---|
| 2000年 | 6％ |
| 2005年 | 8.2% |
| 2008年 | 10.3% |
| 2009年 | 11.3% |
| 2010年 | 12.0% |

| | 日本 | 米国 | 韓国 |
|---|---|---|---|
| 1人当たりのクレジットカード保有枚数 | 2.6枚 | 2.6枚 | 2.1枚 |
| カード利用度 | 12% | 24% | 58% |

〔決済手段の比較（日本通信販売協会・第30回通信販売企業実態調査報告書）〕

| | 2007年度 | 2010年度 | 2011年度 |
|---|---|---|---|
| 郵便為替 | 16.0% | 13.0% | 12.1% |
| 代金引換 | 33.8% | 32.5% | 32.6% |
| コンビニ支払 | 23.6% | 24.1% | 24.3% |
| 銀行振込 | 5.7% | 4.7% | 5.9% |
| クレジットカード | 17.7% | 23.2% | 23.8% |
| 電子マネー | 0.6% | 0.8% | 0.4% |

〔東大医学部付属病院の会計窓口（筆者調べ）〕

　ある日の午前11時から12時までの1時間における現金・クレジットカード併用支払機の利用状況　　クレジットカード利用者＝10人に1人＝10％

〔タクシー料金のクレジットカード払い（筆者調べ、乗車する度にドライバーから聴取）〕

・40人の乗客中　カード支払客は5人　12.5％
・24人の乗客中　カード支払客は3人　13％

　　　（注）　現在ほとんどの大手タクシー会社は、クレジットカード会社の加盟店となっている。

　　　　　　個人タクシーはほとんど、クレジットカードを取り扱わない。理由としては、①加盟店手数料が高い、②運転手がカード払いを嫌がる、③個人タクシーは加盟店になり得ない、④端末機のコストが高い、などの点があげられます。

〔日本の消費者信用統計平成25年版（日本クレジット協会）〕

・ショッピング金額の民間最終消費支出に占める割合　　17.4％
・現金　　56.2％
・クレジットカード　　16.2％
・デビットカード　　9.3％
・電子的支払　　26.9％
・電子マネー　　0.5％

### ●クレジットカード利用度の国別比較

〔2010年におけるクレジットカードを使った決済額の合計が民間最終消費支出に占める割合（日本経済新聞　2012年4月25日夕刊）〕

| 日本 | 19.7％ |
| --- | --- |
| 韓国 | 50％ |
| 米・英国 | 30％程度 |

**〔各国のクレジットカード利用率〕**

| 日本 | 12% |
|---|---|
| 韓国 | 58% |
| 米国 | 54% |
| 英国 | 53% |

（日本の消費者統計25年版・日本クレジット協会）

| カナダ | 50% |
|---|---|
| 韓国 | 50% |
| オーストラリア | 37% |
| 英国 | 27% |
| 米国 | 20% |
| 日本 | 7% |

（YAHOO知恵袋検索）

| ノルウエー | 85% |
|---|---|
| 香港 | 63% |
| オーストラリア | 54% |
| ニュージーランド | 54% |
| 中国 | 41% |
| 米国 | 35% |
| マレーシア | 30% |
| アラブ首長国連邦 | 24% |
| 日本 | 14% |
| サウジアラビア | 14% |
| フィリピン | 9% |
| ロシア | 7% |

（VISA Worldwide Japan　2012年1月11日調べ）

**〔民間最終消費支出に占めるクレジットカード決済の割合**（㈱フェアカード社調べ）**〕**

| 日本 | 12% |
|---|---|
| 韓国 | 58% |
| 米国 | 54% |
| 英国 | 53% |

米国・英国：デビットカードとの合算

〔わが国におけるキャッシュレス社会の今後の進展に関する調査分析（経済産業省報告・平成22年度）〕

|  | 現金 | クレジットカード | デビットカード | 電子的決済 |
|---|---|---|---|---|
| 日本 | 57% | 16% | ― | 26.6% |
| 米国 | 21.3% | 27% | 17% | 34% |
| 英国 | 24.7% | 17% | 27% | 31% |
| フランス | 22.9% | 32% | 28% | 17% |
| 韓国 | 33% | 39% | 5% | 17% |

## ●クレジットカード利用度が低い理由

　私なりに考え、まとめた理由をいくつか並べておきます。他に的確な理由をご存知の方はぜひ教えてください。

　（1）　基本的な理由
・クレジットカード導入時、銀行は銀行法5条により直接クレジットカード業務を行うことができず、カード分野への進出意欲が薄かった。
・クレジットカード業務は周辺業務と位置づけられていた。
・キャッシング（現在の銀行ローン）は金融商品とは認められていなかった。
・1961年、割賦販売法制定時の国会付帯決議により、銀行系カード会社は、リボルビングの取扱いを禁止されていた。
・個人信用情報機関の業態を仕切る壁が高かった。

　（2）　国民性による理由
・日本は金（現金）選好が高い国である。
・多発するカード犯罪により、「カードは怖い」という意識が強く、カードへの抵抗感、警戒感が、財布の紐を握る年配の主婦層に深く浸み込んでいる。
・「借金はよくない」という倫理観が強い。
・日本の治安がよく、現金を持ち歩いても不安がない（ATMの全国的展開）。
・一般的に見て、日本人はクレジットカードへの関心が薄い。
・クレジットカードの知識がない。学校ではほとんど教えない、民間でも教える場所は見当たらない。

　（3）　政府のクレジットカード業務に対するスタンス

第1部　クレジットカードの世界は奥が深い

　カード利用度の高いノルウエーや香港の政府当局が、どのようなスタンスをとっているかはわかりませんが、お隣の韓国の例を見ると、日本の戦時中の「産めよ増やせよ」の号令（官により奨励）と同様、政府がカード利用を奨励し、いろいろな優遇措置を講じています（注）。わが国では、経済産業省がカード業界の動き・問題点を見守り、三菱UFJリサーチ＆コンサルティングに依頼して年に1回、報告書「クレジット産業の健全な発展及び利用等に向けた調査研究」を発表していますが、いまだ「注意深く見守る」、「われ関せず」の域にとどまり、カード利用を奨励するまでには至っていません。

　　（注）　税制上の優遇措置があります。また、クレジットカード利用明細書の番号を抽選券として毎月くじ引きを行っています。

●わが国におけるクレジットカードの将来性

　金選好、現金選好が高く、高額紙幣への信頼感・安心感が強く、借金を嫌い現金で支払う気質は日本人特有な性格であり、この気質を変えることはなかなか難しいでしょう。しかし、法制面での壁は取り払われつつあり、個人信用情報機関の相互交流も実現しています。インフラ設備も整ってきました。メガバンクもクレジットカード業務に本格的に取り組む姿勢を姿勢を示してきました。税金や公共料金といった膨大な市場も門戸を開き始めています。アメリカナイズされた若者の世の中が出現しつつあります。カード業界を取り巻く環境は好転しつつあります。それなのに、カードの発行枚数は2011年以降減少に転じています。カードの利用度を高めるために必要と考えられる点をいくつかあげておきましょう。

・クレジットカードの教育に一層力をいれること。
　米国では、民意の盛り上がりにより「小切手からカードへの移行」が進みつつあると伝えられています。日本でも、カードの教育を通じこのような民意の盛り上がりを図ることができないでしょうか。
・デビットカードや電子マネー、地域通貨、ポイントカードの動向を見守ること。
・そろそろ顕在化してきた銀行離れの動きを見守ること。

・クレジットカード決済の潜在的需要があるマーケットを開拓すること。
・クレジットカードのセキュリティ対策をさらに強化すること。
・クレジットカード業界の構造変化に対応する新しい加盟店業務を考案すること。

---

●豆知識●

〔札束払いの国、ミャンマー〕

　2015年2月22日付け朝日新聞は、極端な「現金社会」の国ミャンマー（ビルマ）の実情を大きく報じています。国民は銀行を信用せず、銀行に口座をもつ人は全体の10～20％程度。買物も、取引も、給料も現金主義がまかり通っているそうです。私はこの記事を見て、「日本より上手の国があるとは!!」と驚きました。この現金主義は、同国の経済成長の足を引っ張っているそうです。以上、参考までに付記します。

---

【忘れがたき思い出⑪】月刊消費者信用と民事法研究会との出会いのこと

　MasterCard Internationalを退職したのは1994年のことでした。その少し前の1993年4月に私はベルリンで開かれたMasterCardのセキュリティセミナーで、大蔵省（当時）の外郭団体である社団法人金融財政事情研究会の「月刊消費者信用」の編集部長さんと名刺を交換しました。同氏から、これまでカード業界で学んだことを同誌に投稿するよう勧められました。この投稿は1996年6月から2003年2月までおよそ7年間続きました。

　月刊消費者信用への連載記事が民事法研究会の田口信義社長さんの目にとまり、2003年2月に『クレジットカード犯罪・トラブル対処法』の題名で初めての著書が出版されました。それから私の執筆活動が始まりました。クレジットカードに関連する基礎知識を活字にした本がこれまでに7冊出版されました。月刊消費者信用と民事法研究会との出会いは現役を退いた後の私の生き甲斐となりました。

第　２　部

知っていれば役に立つ
金融の話

## 1 庶民金融と金貸しの生い立ち

　庶民金融とは、金貸しが個人や零細企業に対して行う小口、短期の融資のことです。

　銀行による個人向け小口融資は、1929年に日本昼夜銀行が行ったものがこの種の小口融資の始まりと言われています。信用金庫も個人向け融資を行いました。しかし、これらの銀行融資は太平洋戦争の戦時体制でストップをかけられました。庶民金融に対し大口金融という言葉があります。大企業に対して銀行が行う多額、長期の金融を意味しています。本項では、銀行融資以外の貸し手の横顔や生い立ち等を調べてみましょう。

●庶民金融の歴史

〔6世紀〕

　時の権力者であった聖徳太子の庇護の下、お寺さんが金貸しを始めました。「なぜお寺が？」と思われる方が多いと思います。当時は治安が悪く、火事も多かったようです。お寺さんは、境内が広く収納場所もしっかりしていましたので、金持ちは持っているお金をお寺さんに預けました。頭の良いお坊さんが思いつき、このお金を貧しい信者に貸して僅かな御礼をもらうようになったと伝えられています。これがわが国における金貸しの始まりと学者は言っています。

〔鎌倉・室町時代〕

　土倉（どぞう）とは、板壁の上に石灰や牡蠣がらを塗りたくり頑丈にした土蔵のこと

を言いますが、この「土倉」をもった金融業者が生まれました。これがやがて「質屋」に発展していきます。

・質屋　　ある品物を預かり、これを値踏みしてその範囲内でお金を貸す営業方法が鎌倉時代に確立されました。これがその後の金貸しの主流になります。

・両替商　　金、銀、銅の交換をする商売や金貸し業が始まりました。

〔江戸時代〕

　次に述べるようにいろいろな名前で呼ばれる金貸し業者が活躍しました。

　これらの業者は、ヤクザなどの無法者が絡んだ場合は別として、取締法もろくにない時代で営業していましたが、ウラ社会は別として高金利をむさぼるような業者もおらず、庶民の日常生活にすんなりと溶け込んでいたようです。

・札差し　　幕府から給料としてお米を貰う（蔵米）旗本や御家人を相手に、お米の受取り・売却を代行し、給料が出るまでの短期間のつなぎ融資も行った業者です。蔵米を担保として高給官僚を相手とした豪商もいました。

・質屋　　鎌倉時代から続く貸し手の代表格となります。1960年頃までは庶民金融の代表的な担い手でしたが、1970年頃に発生した団地金融（サラ金の前身）によりその座を奪われました。七つ屋、一六銀行などの別称があります。

・両替屋　　室町時代に誕生した両替商は、江戸時代に入ってその地位を確立しました。当時、金、銀、銅の間の交換レートは現在でいう変動相場制でした。小判、丁銀、銭貨を手数料を取って交換・売買する仕事（現在の為替業務）を行い、しだいに遠隔地への送金業務や投機にも手を広げていきました。手元資金が豊富な大店が活躍しました。

・百一文　　「宵越しの金をもたねー」と啖呵をきる江戸っ子を相手に、朝に100文貸して、夕方に101文を返してもらった金貸しのことです。

・烏金　　朝、烏がカアと鳴くまでに返してもらう約束でお金を貸す人、百一文と同じです。

・座頭貸し　　幕府の監督の下、目の不自由な人（盲人、検校（けんぎょう）など）があんま、はり、びわ法師等の仕事で得た収入を元手に小金を貸し付けました。
・日銭貸し（日貸し）　毎日少しずつ返してもらう約束でお金を貸す金貸しのことです。現在の分割払いの萌芽ではないでしょうか。

〔昭和初期――信用貸しの始まり〕

　マルイト呉服店が、現在でいう信用貸しを始めました。呉服屋と金融業、一見関係ないようですね。しかし、あったのです。

　現在もそうですが、花嫁衣裳は高価なものでした。母親と娘が来店し、いろいろと品選びをします。数点を選び出し、家に持って帰って父親に相談したいと言い出します。呉服屋としては、高価な品を一げんの客に渡してしまうことはためらわれます。しかし、そこは商売です。客の態度や言葉使いなどで相手を判断し、「どうぞ」と依頼に応じます。これが、今のクレジットカードの審査です。会員の申込みの可否を判断するのと同じ、「信用貸し」の始まりでした。

　その後、丸井百貨店の「赤いカード」、日本信販の「チェーン・クレジット」、ならびに三洋商事や関西金融（いずれも現在のSMBCコンシューマーファイナンスの前身です）に引き継がれてきた、と筆者は考えています。クレジットカード会社誕生の萌芽です。

〔終戦後――サラ金の始まり〕

　戦後、どん底の生活から次第に消費生活が向上していって、それに伴い質屋が繁盛してきました。質屋は1940年の奢侈禁止令の施行により商売がしにくくなり、一部は廃業し、一部は古物販売業に転じ、一部は金融業者に変身しました。

　1965年、「勤め人信用貸し」いわゆるサラリーマン金融（サラ金、団地金融）という言葉がマスコミに生まれました（それ以前は「高利貸し」と呼ばれていました）。1970年頃からは「団地金融」の業者が手を広げてきました。このあたりが現在の消費者金融会社の始まりと言えそうです。

　1990年代初めのバブル経済崩壊後、経済的に苦しむ家庭が急増しました。

1992年に施行された暴対法の締め付け、並びに不況により暴力団員がサイドビジネスとして借金取立てに参入してきました。1993年に自動契約機が導入されました。1995年にそれまで深夜帯のみに限定されていた借金勧誘のテレビコマーシャルが、ゴールデンタイムに放映することができるようになりました。携帯電話が普及してきました。サラ金はこのような土壌から生まれてきたと言われています。

### ●サラ金地獄とは何か

まず、借金の返済期限がきても返さないとどうなるか、を考えてみましょう。

・最初の数日間

  自宅に電話がかかってくる。

  職場に電話がかかってくる。

  請求書が届く。

・延滞1～2週間

  電話が執拗になる。

  この段階からヤクザが顔を出してくることがある。

  第1次身辺調査が始まる。

・延滞2週間～1カ月

  親族に連絡がいく。

  取立屋がやってくる。

・その後　延滞1カ月～

  親族に請求がいく。

  借主のプライバシー調査が始まる。

  取立てが執拗になる。

事故情報（ブラックマーク）に掲載（個人信用情報機関においていったんブラックマークが付くと、後で返済してもこのマークは長い間消えません。その後の社会生活上、新たに借金ができにくくなり、不便なことが生じます）されます。

1990年代、借金取立てに際し特にヤクザが顔を出すと、「目ん玉売るか」、

「肝臓売るか」、「金がなければ内蔵を売れ」、「死んで保険金で返せ」など非人道的なセリフが飛び出し、過酷・執拗な取立てで一家心中、自殺に追い込まれる家族もありました。今は、こんなことを言ったら即逮捕です。このような悲惨な状態が借金地獄と呼ばれています。このようなあくどい取立ては、何も悪質な金融業者やヤクザに限った行為ではありません。国も国民健康保険の保険料滞納者に非人道的な取立て、差押えをした事件が発生し、国会で取り上げられたケースもありました。

### ●消費者金融業者の悪徳商法

悪徳商法の主な手口をいくつか紹介しておきましょう。

- ・高金利と過酷な取立て
- ・回し　　返済できない借り手を別の金融業者に紹介する。
- ・おまとめローン　　複数のローンを一本化すると称して、延滞された金利を元本に組み入れて元本を増額し、新たな担保を取って貸し付ける。過払いしてきたので本来は返す必要のない金額を新しい債務に組み込んでしまう。
- ・過剰貸し付け　　借金を返済させるためさらに借金させる、あるいは、借り手が必要としない資金を無理やり押し貸しする。
- ・貸し付け限度の無断引上げ　　健全な借り手の金銭感覚を麻痺させる手口です。
- ・命担保の貸し付け　　借り手に無理やり生命保険をかけさせる手口です。
- ・個人信用情報の横流し
- ・取立記録の改ざん
- ・離職者支援資金貸付制度（大阪）の悪用　　離職証明書、源泉徴収票を偽造し、これを使って多重債務者を貸付制度の申請者に仕立て上げる。

### ●サラ金と貸金業法

お金の貸し借りは、私たちが日常生活の歯車を円滑に回すうえで必要な潤滑油です。金貸しの親玉は日本銀行を頂点とする銀行団で、主として大手企業向け大口融資を行っています。その銀行業務を規制するのが銀行法です。

しかし、お金を貸す仕事を本業としているのは銀行だけではありません。民間の金融業者がいろいろな局面、たとえば中小企業経営者向けの運転資金や個人向けの生活費などの小口融資の面で活躍しています。これら金融業者を規制するのが貸金業法です。出資法、割賦販売法、利息制限法と相まって消費者金融規制4法と称されています。

貸金業法の内容、成立経緯については第2部第5項「貸金業法はわが国の消費者金融の歴史を語る」の項で詳しく述べておきました。

### ●サラ金の復活

歴史的に見ても、庶民の間の小口金融は社会生活上不可欠なことは明らかです。悪徳金融業者は、最高裁の1968年判決（過払い金返還請求、第1部第9項61頁参照）や2006年判決（期限の利益喪失と利息制限法超過金利、第1部第9項62頁参照）と貸金業法の施行で息の根を止められたようにみえましたが、消費者金融業界での資金需要は決して消えません。最近、業界復活の動きが散見され始めました。3つの例をあげておきます。

① 三菱UFJの傘下に入ったアコムが地銀や大手銀行と提携し、銀行の個人向けローンの保証業務を受託する動きを示しています。
② 自民党が、貸金業法の規制を緩和する方向で検討を始めています（2014年5月22日付け日本経済新聞）。
③ 銀行カードローンや即日借入可能の広告が増加しています。

## 2 財閥と銀行の発達史

　山崎豊子の小説『華麗なる一族』(1973年、新潮社出版)をお読みになった方は多いと存じます。神戸に根を下ろした金持ち一族をめぐる物語です。当時の財閥の姿を鋭く描きだした名著です。私はこの本を読むとすぐにMargaret Mitchellの『風とともに去りぬ』(Gone with the Wind)(アメリカで1936年に出版されました)を連想します。南北戦争とともに当時絶頂期にあったアメリカ南部の大農場主の白人・貴族社会が消え去る物語です。Scarlett O`haraやRhett Butlerなどの主人公たちの顔ぶれが浮かびます。これら2つの小説は、いずれも大金持ち一族〔財閥〕の栄枯盛衰をテーマにしたものです。

　財閥とは、「太平洋戦争前、日本でコンツェルン(注)の形をとり、同族の閉鎖的な所有と支配の下に持株会社を中核として多角的経営を行った企業集団」と定義されています。やさしく言い換えれば、「お金持ちの一族によって設立された親会社を中心として、いろいろな事業を行う企業グループ」のことです。このいろいろな企業グループの中には勿論、財務・金融を担当する金貸し業、すなわち銀行が含まれています。

　　(注)　個々の独立した企業の株式を集中的に親会社が持ち、この親会社が実質的にこれらの企業を支配する企業形態です。銀行かまたは銀行に相当する企業の持株会社が多種多様な産業を支配する形となっています。

## ●財閥と銀行の起源はどうなっているか

わが国の財閥の起源は古く、16世紀頃まで遡ることができます。しかし、かれらがしっかりと根を下ろしたのは江戸時代に入ってからでした。幕府の財政を担った鴻池家が代表格です。鴻池家は現在の兵庫県でお酒の醸造を始め、その後大坂、江戸に進出して両替商を営んだ当時の代表的豪商の1つです。武士社会の徳川幕府には経済をやりくりする頭脳を持った人材がなく、そこに突け込んで、この豪商は幕府の財政一切を牛耳ることとなり巨富を築き上げました。しかし、この鴻池家は他の財閥、たとえば三井財閥や住友財閥と異なり、明治に入ると政商の座を自ら降りて、金融業のみに専念し、他の事業への拡大には見向きもせずに最後は一地方銀行になってしまいました。なぜそうしたのか、私にはわかりません。

財閥と称される企業集団は全国で30数個あったという説もあります。戦後GHQの財閥解体指令の対象になったのは15の財閥でした。とにかくすべてが解散を余儀なくされて、一部は没落貴族の悲劇の道を辿り、残りは当時の6大銀行グループに取り込まれていきました。

さて、財閥の話はこれぐらいにして、次に銀行の話に移ります、銀行、バンクという言葉の語源はイタリア語のbanco（机）と言われています。ルネッサンス時代、フィレンツェの銀行家は、街頭で緑色の布をかぶせた机をはさんで取引を行ったそうです。ヨーロッパ最古の銀行は、1407年ジェノヴァで設立されたサン・ジョルジョ銀行です。1650年頃ロンドンで個人がお金を預かる仕事を始め、その最大のものがGoldsmith（金細工職人）でした。彼らが発行した「預り証」が兌換紙幣の始まりと言われています。18～19世紀、ロンドンが国際金融の中心の座を占めました。アメリカでは独立戦争前後、50種類の通貨が流通する混沌とした経済情勢の中で、シティ、バンカーズトラスト、ドイツ銀行、モルガン、メリルリンチ、ソロモンブラザーズなどの銀行や投資銀行が生まれました。日本では江戸時代、両替商や大名貸しと呼ばれる金貸し業が活躍しました。

私に与えられた命題は「クレジットカードに関して論ぜよ」です。財閥と

か銀行とかはクレジットカードには関係ないではないかとよく言われます。しかし、大いに関係があるのです。日本では銀行法というものがあり、これによって、銀行は、アメリカの銀行と異なりクレジットカード業務をやりたくてもやれなかった、あるいは、カード業務に無関心にならざるを得なかったのです。ですから、このような無関係論が出てくるのです。クレジットカード業務はまさにお金を貸す仕事、銀行本来の業務の1つです。銀行界では、住友銀行が真っ先にクレジットカード専業の子会社を設けカード業務に乗り出しました。

21世紀に入って第2次金融改革（ビッグバン）が進み、銀行は豊富な資金力を背景にしてようやく個人融資分野に参入することができるようになり、カード会社を次々と傘下に収め始めました。

● 3大商人と4大財閥の誕生と発達

私がある大学で教壇に立っていた頃、学生が私に奉ってくれたあだ名は、「脱線」でした。雀百まで、まえがきが長すぎてさらに脱線しそうです。ブレーキをぐっと踏み込んでここから本題に戻りましょう。まず、財閥の話から始めます。

〔3大商人とは〕

金融業の先駆者は言うまでもなく武士ではなく、お金を扱う商人です。3つの商人グループが活躍していました。これらの人々がしだいに財閥の母体を築き上げていったわけです。次の3つの商人グループが有名です。

（1）大坂商人

室町・江戸時代に大坂を中心として活躍した「住友家」を中核とする商人グループです。その大半は近江商人がルーツとなっていたと伝えられています。始末、節約、無駄を省く合理性を重んじ、仲間（同業者＝株仲間）の集団意識が強く、「権力に頼らない」、「先見の明」、「イノベーション」、「自身の才覚で商売をする」、「いけいけ精神」で知られていました。後の住友財閥の基礎となったグループです。

（2）伊勢商人

安土・桃山時代から伊勢、大坂、京都、江戸で活躍した伊勢の国の出身の商人グループです。主(あるじ)は伊勢の本店にデンと納まり、大坂や江戸の支店の経営はすべて番頭に任せるという各地での独立採算制度を採用しました。戦国時代、天秤棒を肩に担いで全国を行商し、最初は木綿と呉服、次いで紙、酒、木材と扱う商品を広げていきました。「近江泥棒、伊勢乞食」とも言われました。独自のネットワークを持ち販路を広げていく才覚で世に知られていました。三越百貨店、松坂屋創業の祖となりました。

　(3)　近江商人

鎌倉時代に誕生しました。滋賀の出身者で固めていました。全国を活動地域とし、朱印船貿易にも手を出していたようです。世界最高水準と称された「複式簿記」や各地の旅籠をネットワークで結ぶ「日野大当番仲間」の組織を考案、現在のチェーン店の元祖といわれています。徹底した合理化による流通制度を築き上げ、道徳、規律を重んじ、「売り手良し、買い手良し、世間良し」の「三方良し」を理念としました。「倹約」、「巧みな商法」、「ずば抜けた商品開発力」を武器にして、俗に「近江商人の通った後には草も生えない」と言われました。高島屋百貨店の創業の祖となりました。

〔4 大財閥とは〕

発祥の時期はまちまちですが、いずれも古い歴史を持っています。

　(1)　住友財閥

平家一門の流れを汲み、蘇我理右衛門が住友家の始祖と伝えられます。仕事の範囲は広く、銅精錬業、銀銅の両替、反物、砂糖、薬種の輸入、金融業、公設の米相場所などの商売を手がけました。「権力に頼らない」、「先見の明」、「合理性」、「イノベーション」などを家訓としました。

　(2)　三井財閥

室町時代の太政大臣、藤原道長の子孫が近江に渡り、「三井姓」を名乗ったと伝えられます。三井越後屋を起こし、近江、大坂で酒屋、味噌屋、質屋を、その後、京都で両替商、呉服屋を商いました。「信用第一」、「堅実、勤勉、質素・倹約」をモットーとしました。俗に「人の三井」と言われています。

### (3) 三菱財閥

明治初期、土佐の地下浪人、岩崎弥太郎が明治政府の後押しを得て海運業に乗り出しました。土佐の坂本竜馬を髣髴とさせますね。政府の全国統一貨幣制度の樹立や西南戦争に乗じて巨富を築き、その後、造船業、炭鉱開発、鉱山経営、鉄道、不動産業、金融業などに手を広げました。岩崎一族が代々経営を世襲したところから、「組織の三菱」、「三菱の独裁政治」と言われました。

### (4) 安田財閥

金融業一筋で財を成したグループです。富山県の安田善次郎が江戸末期、両替専業の「安田商店」を開業、幕府の御用両替商として巨利を得ました。明治２年、政府の正金金札等価通用布告を機に大量の太政官札を買い占めてさらに富を築きました。明治13年、安田商店を安田銀行（後の富士銀行）と改称し、政府の御用銀行となって業容を拡大、金融部門で圧倒的な地位を築きました。俗に、「金融財閥」と言われます。芙蓉グループの祖となりました。「芙蓉」は富士の古語読みです。

### ●戦後の財閥解体（1945年から1952年）

昭和20年（1945年）９月、GHQは、財閥を戦争協力者とし「解体命令」を日本政府に突き付けました。政府は11月に財閥解体計画を提出、その方針に従って財閥の解体が進められました。1945年から1952年にかけて、三井、三菱、住友の各財閥は強制的に、安田財閥は自主的に解体されてその名は消滅し、当時の６大銀行（三菱銀行、三井銀行、住友銀行、富士銀行、三和銀行、日本勧業銀行）に取り込まれていきました。

### ●財閥の復活（1953年～2002年）

しかし、その後、それぞれの財閥に流れを汲む企業が徐々に大規模グループに再結集し始め、1997年の独占禁止法の改正により事実上４大財閥の復活が公認されました。これらのグループはそれぞれメガバンクを傘下に納め、「みずほフィナンシャル・グループ（FG）」、「三菱UFJフィナンシャル・グループ」、並びに「りそなホールディングス・グループ」、「三井住友フィナンシャル・グループ」という財閥集団が息を吹き返しました。

### (1) みずほFG（MHFG）

2000年12月2日、第一勧業銀行、富士銀行、日本興業銀行が合併し、みずほホールディングスの子会社として2003年1月8日に発足し、3月に親子関係を逆転してみずほアセット信託銀行とみずほ信託銀行を吸収合併し、みずほグループの統括企業になりました。さらに、2011年9月1日、みずほ証券、みずほインベスターズ証券、みずほ信託銀行を完全子会社としました。「みずほ」は日本の国の美称「瑞穂」を意味します。

### (2) 三菱UFJ FG（MUFG）

2001年4月2日、東京三菱銀行、三菱信託銀行、日本信託銀行が株式を移転して三菱東京FGを設立、2005年10月1日、三菱東京FGがUFJホールディングスを吸収合併して三菱UFJ FGと商号を変更しました。

### (3) りそなホールディングス

2001年12月、大和銀行、近畿大阪銀行、奈良銀行の共同金融持株会社として「大和銀ホールディングス」が設立されました。2002年3月、持株会社である大和銀行とあさひ銀行とが経営統合し、「りそなホールディングス」と商号を変更しました。1年後、持株会社である大和銀行とあさひ銀行とが合併・分割し、りそな銀行（埼玉県外の全店舗を継承）と埼玉りそな銀行（埼玉県内の全店を継承）という双頭銀行体制が発足しました。「りそな」はラテン語resona「共鳴、響き渡る」を意味しています。

### (4) 三井住友FG（SMFG）

2002年12月2日、三井住友銀行が株式を移転して三井住友FGを設立しました。三井住友銀行、三井住友カード、三井住友ファイナンス＆リース、日本総合研究所、SMBCフレンド証券を傘下に置いています。2011年4月現在、全国銀行協会の持株会社会員となっておらず、メガバンク系列では唯一の非加盟持株会社となっています。

## 3 銀行の変せんと現在

　前項では、財閥と銀行の話をしました。本項はその続きの話題として「銀行」を取り上げましょう。銀行というと皆さんはすぐ、ATM、メガバンク、都市銀行、信託銀行、信用金庫、ネットバンキング、地下銀行などを思いつかれることでしょう。ここでまず、「銀行」の過去、現在をきちんと整理しておきます。

### ●銀行の誕生

　明治維新後、1873年に政府は国立銀行条例〔現在の銀行法＝1981年施行〕を布告、これに基づいて設立されたのがが第一国立銀行でした。まず、4つの銀行が生まれました。設立条件が厳しく最初は4行だけが認められました。実は、国立銀行条例は大きなことを狙ったものでした。明治初期に政府が乱発した「政府紙幣」を整理・回収し、資金を調達し、廃藩置県により貧窮に苦しむ氏族を救済することを目的として施行されたものでした。当時民間で乱立していた銀行に「銀行免許」を与えることを条件として、これらの銀行が持つ政府紙幣を政府に納付させて、これを担保にして「国立銀行券」の発行を許すというのが骨子でした。153の銀行が次々と誕生しました。

　しかし、政府紙幣の乱発がさらに進み、西南戦争の勃発もあり、政府の思惑どおりには事は運びませんでした。スーパーインフレが発生しました。そこで、政府は日本銀行を登場させ、「銀行券」の発行を日銀に独占させたのです。明治政府はまことに目茶苦茶なことをやってのけていたのでした。なお、面白い話ですが、最初に生まれたこの第一国立銀行は「国立」と名付けられ

ていますが、貧乏な政府が出資できるわけはありません。第一国立銀行は三井組・小野組を中核とする完全な民間銀行〔後の三井銀行〕でした。この政府は、「国立」とか「政府免許」とかの名目を振りかざしておりますが、その実は民間のお金を吸い上げることに知恵を絞っていたのです。

● 6大銀行のプロフィール

戦後の財閥復活劇に何らかの形で一役買った当時の6大銀行のプロフィールを以下簡単に述べておきます。

(1) 富士銀行

1866年、両替商安田商店誕生、1880年、安田商店が安田銀行と改称。政府の指定金融機関となり、1943年個人融資実行第1号として知られた日本昼夜銀行を吸収合併、1948年、安田銀行から富士銀行と名称を変更しました。「公金の富士」との名声を築きました。

(2) 三井銀行

1872年、三井組・小野組によって設立した日本最古の銀行です。1876年、初の私立銀行として三井銀行を開業しました。1990年、太陽神戸銀行と合併し、合併2年後に太陽神戸三井銀行、次いでさくら銀行と改称しました。日銀創業前には政府の「為替方御用」を拝命していました。2001年、住友銀行と合併して三井住友銀行と改称しました。

(3) 三菱銀行

1880年、郵便汽船三菱会社（現：日本郵船）から分割独立して三菱為換店となり、1919年、三菱銀行が設立されました。1948年、財閥解体に伴い千代田銀行と改名しました。

1996年、東京銀行と合併し東京三菱銀行、2006年、UFJ銀行と合併し三菱東京UFJ銀行となりました。

(4) 住友銀行

1662年、泉屋平兵衛友貞が大坂と江戸で両替商を開業しました。1895年、住友銀行を開業しました。先進的、効率的経営方針を貫く一方、極めて慎重な面もあり、「石橋を叩いても渡らない銀行」とも言われました。1967年、住友

クレジットサービスを設立しました。2001年、さくら銀行と合併し三井住友銀行と改称しました。

(5) 三和銀行

1933年、三十四銀行、山口銀行、鴻池銀行の3行が合併して創立しました。鴻池家は江戸時代、1656年に両替商として発足しました。三和銀行のロゴに「since 656」とあったのは鴻池家発足の年を示しています。戦後、非財閥系を強調して「ピープルズバンク」路線を打ち出しました。1961年、日本信販と共同して、JCBを設立しました。2001年、東海銀行と合併してUFJ銀行と改称し2006年、東京三菱銀行と合併し、現在の三菱東京UFJ銀行となりました。

(6) 第一勧業銀行

1971年、第一銀行と特殊銀行の日本勧業銀行が合併して誕生しました。2000年、第一勧業銀行、富士銀行、日本興業銀行が株式移転により「みずほホールディングス」を設立し、3行は、その子会社となりました。2002年、みずほ銀行と商号を変更しました。

● わが国の現状

〔銀行の数〕

① 都市銀行　　1968年現在　　13行
　　　　　　　　2006年現在　　5行
② 第一地方銀行　64行（2012年10月1日現在）
　　2014年11月、東日本銀行と横浜銀行とが、また、肥後銀行と鹿児島銀行とがそれぞれ経営統合に向けて動き出しています。
③ 第二地方銀行　41行（2014年3月末現在）
④ 全国信用金庫協会加盟信用金庫　　267金庫（2014年3月31日現在）

〔銀行の種類〕

法律により設立された銀行は次のとおりです。

① 日本銀行　　日本銀行法
② 銀行（外国の銀行の在日支店を含む）　　銀行法

③ ㈱日本政策投資銀行　　日本政策投資銀行法
④ ㈱日本政策金融公庫　　株式会社日本政策金融公庫法
⑤ 独立行政法人国際協力機構　　独立行政法人国際協力機構法
⑥ 地方公共団体金融機構　　地方公共団体金融機構法

金融庁が認可した「新たな形態の銀行」(ネット銀行を含む)は次のとおりです。

　　イオン銀行／　じぶん銀行／　ジャパンネット銀行／　新銀行東京／　住信SBIネット銀行／　セブン銀行／　大和ネクスト銀行／　楽天銀行／　日本継承銀行／　第二日本継承銀行／　整理回収機構

メディア・学会でよく使われる呼称には次のものがあります。

　　都市銀行／　預金銀行／　商業銀行／　長期信用銀行／　特殊銀行／　ネット銀行、など

●**銀行の枠外のバンクとは（非合法的な銀行を含む）**

既存の金融システムの根底を揺るがしかねない動きとして注目を集めています。

(1)　地下銀行

銀行法の免許を持たず、不正に海外に送金する業者のことを言います。日本に不法滞在・就労する外国人が稼いだお金を母国に送金するのに利用されます。

(2)　影の銀行〔シャドウ銀行〕

高金利で集めた資金を銀行を通さずに企業に貸し付ける銀行のことです。2013年に入って、中国で影の銀行による貸付けが不良債権化し、問題となっています。

(3)　バラカード

ソマリアの金融機関で、中東から南アジアに広がるイスラム社会で行われている「ハワラ」という送金システム（信用を旨として送金依頼書や領収書がない）を採用しています。

(4)　BITCOIN取引所

ネット上の仮想通貨を売買する業者のことです。

　(5)　インターネット金融

　スマートフォンを使い手軽にインターネット上でお金を預け、集まった資金は銀行を通さずに大企業に貸し出される、という仕組みです。インターネット通販の決済にも使われ、銀行預金金利に比べて高利です。政府の免許がないので、預金者には自己責任が伴います。中国で人気上昇中の「アリババ」が著名です。

　(6)　リヒテンシュタイン公国のタックスヘイブン銀行

　欧州最後の絶対君主体制を支える銀行です。税金免除を目的として外国企業が利用します。

　(7)　ケイマン諸島の特殊企業

　島内で営業を行わず、したがって非課税の企業です。外国企業が脱税のため利用するケースが多い。

　(8)　ヤミ金融業者（090金融）

　国、都道府県に貸金業としての登録を行っていない貸金業者のことです。「ヤミ金融業者から借りたお金は元本を含めて返済する必要がない」という判例が出されています。

　付表は、大銀行の今日までの変遷の歩みを図にまとめたものです。

**3** 銀行の変せんと現在

〔図〕大手都市銀行の変せん図

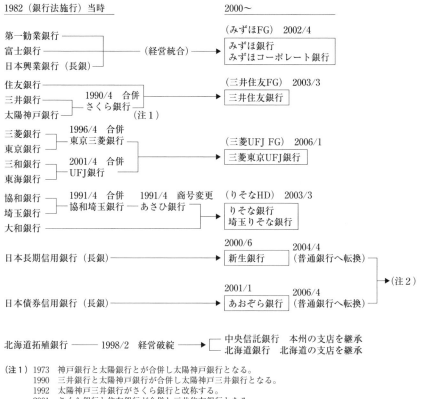

(注1) 1973　神戸銀行と太陽銀行とが合併し太陽神戸銀行となる。
　　　1990　三井銀行と太陽神戸銀行が合併し太陽神戸三井銀行となる。
　　　1992　太陽神戸三井銀行がさくら銀行と改称する。
　　　2001　さくら銀行と住友銀行が合併し三井住友銀行となる。
(注2) 両行は2010年10月に合併の予定であったが、新生銀行が2010年3月期決算の純損益が2年連続の赤字を記録して、金融庁から立ち入り検査を受けたこともあり、あおぞら銀行は経営体質がなじまないとして、合併を断念した（朝日新聞2010年5月8日）。

# 4 ゆうちょ銀行の誕生と現在

　私が昔、某大学で教壇に立っていたとき、学生諸君から奉られたあだ名は「脱線」でした。「クレジットカードの説明に何で郵便局の話が出てくるの？」、また脱線か、と思われる方が多いでしょう。しかし、初めて申し込んだクレジットカードあるいは更新されたクレジットカードを受け取るとき、あなたは書留郵便の世話になっていますね。郵貯ジョイントカードを実際に使っている方も多いでしょう。さらに、クレジットカードとATMは密接な関係があります。両者間には関係大ありですね。本項ではクレジットカードに関係のある郵便についていろいろな角度から解説してみましょう。

## ●知っていますか郵便の始まり

　郵便局にはいろいろな分類法（たとえば集配業務をやるか、やらないか等）がありますが、一般的に知られているのは普通郵便局、特定郵便局、簡易郵便局（窓口業務のみを行う）の3分類です。

　郵便とは、書状や葉書あるいは一定の大きさの物を国の内外に送達するシステムを指します。世界初の郵便制度は1516年、ドイツ・イタリアの名門一族のフランチェスコ・デ・ダレスが欧州を対象にして始めたものが嚆矢とされています。その後1657年、イギリス政府が郵便制度を国営事業としました。1874年、万国郵便連合が発足し、これに加盟している郵便事業体の間で郵便物がやり取りできるようになりました（わが国における郵便制度の歩みについては後述します）。

**4** ゆうちょ銀行の誕生と現在

### ●郵政民営化とは

これまで、クレジットカードを発行し、その利用を管理する銀行やクレジットカード会社の生い立ちなどを見てきました。最後にもう1つ大事な機関があります。ゆうちょ銀行です。皆さん、郵政省、郵便局、そして大きな革鞄を肩にかけて各戸を回る郵便配達屋さんの姿を覚えておられる方が多いでしょう。小泉元首相が2007年7月に従来の郵便体制を民営化することを提案し、郵政民営化法を衆院に提出しました。この法案の審議は難航し賛否両論が対立、可決、否決、総選挙、政権交代による再提出、再否決、廃案、閣議決定、見直し案の提出（この時点で、亀井静香金融相が登場してきます）等が繰り返され、ようやく2012年4月に成立し、ゆうちょ銀行を含む「日本郵政グループ」が誕生しました（後掲図参照）。実現までに実に5年間の歳月を要したことになります（余談になりますが、これに比べてみて、現在（2015年6月現在）国会に上程されている国連憲章第51条により初めて権利となった「集団的自衛権」にかかわる審議の速さが目立ちます）。

### ●なぜ銀行は郵便局と仲が悪いのか

犬猿の仲であった大蔵省と郵政省、銀行と郵便局の対立関係も郵政民営化によりようやく解消したやに見えます。東日本大震災の有事対応がその理由の1つとも言われています。

なぜ、仲が悪いのでしょうか。当時の大蔵省と郵政省という縦割り行政組織による弊害や長年にわたる見えざる確執があるようです。しかし、その対立の根底には、お金が絡んでいます。換言すれば、銀行と郵便局とが資金源を争っていた、という事実が横たわっているためではないでしょうか。銀行は、原則として民営の金融機関です。その主な資金源は、民間から預かる銀行預金とその資金を貸出しと運用から得る収益金です。一方、郵便局は国の財政投融資の資金を吸収するために国が100％出資して設立した金融機関です。専ら国が発行する国債の消化を担っていました。

郵政民営化直前の時点では、郵便貯金残高は187.3兆円、2010年度末で175.3兆円でした。メガバンク最大手の三菱東京UFJ銀行の2010年度末の預金残高

は105.8兆円でした。かかる膨大な資金量を郵便局が政府の後押しで独り占めしている格好となります。銀行業界は、この宝の山を指をくわえて見ているしかありませんでした。「官による民業圧迫」という不満の呟きが事あるごとに銀行界から吹き上がっていました。郵政民営化の実現で、この対立は一応解消したかに見えます。しかし、現在のところ、新しく実現したゆうちょ銀行などの資本はまだ100％政府が握っています。完全な民営化が実現し、金融機関が自由に資金獲得に競い合う時代がくるのにはもう少し時間がかかりそうです。

### ●郵便の歴史を学ぶ

ここで、日本の郵便制度について若干振り返っておきましょう。時系列に沿ってみていくと次のようになります。どの時代でも、時の権力者が郵便制度を握る姿が浮き彫りにされてきます。

(1) 律令制・大化の改新・奈良町時代（7〜10世紀）

ところどころに「駅」が設けられ、駅と駅との間を走る馬が手紙などを運送しました。

(2) 鎌倉時代

公用便として飛脚・六波羅飛脚が整備されてきました。これらの駅はやがて「宿」に変わっていきました。

(3) 戦国時代

武将がそれぞれ領土を囲い込み独立体制を維持しましたので、国境を越える通信は途絶えましたが、大名が他の大名に送るために、家臣を使わせたり、僧侶や山伏の行き来が利用されたと記録に残っています。

(4) 江戸時代

飛脚による通信制度が整えられました。人の駆け足と馬が利用されました。公儀の「継飛脚」、諸藩の「大名飛脚」、町人も利用できる「飛脚屋」、「飛脚問屋」、「通飛脚」、「町飛脚」、「米飛脚」、忠臣蔵で有名な「早駕籠」などが代表的なものでした。なお、早駕籠は担いで走る人より、乗る人が肉体的苦痛が大きかったと伝えられています。これらの制度はいずれも高コストで、か

つ江戸・大坂間の並飛脚（一番安い飛脚）で30日前後を要し、到着日数は天候に左右されました。

　(5) 明治以降

　1871年、明治政府の役人、前島密がイギリスの郵便制度を参考にして、従来の飛脚制度も取り入れて新しい郵便制度を作り上げました。このとき、政府は、地方の名望家を利用して「郵便取扱所」（これが後日「特定郵便局」となります）を作り上げました。

　以下、時系列に沿って、郵便制度に関係する主な事項を並べておきます。

・1875年　　郵便貯金・郵便為替創業
・1877年　　万国郵便連合に加盟
・1885年　　逓信省創設
・1886年　　地方逓信官署官制により郵便局を一等、二等、三等に区分
・1903年　　逓信官署官制により特定三等局規定が定められ、業務規模を拡大した三等局を「特定三等局」と呼称
・1921年　　国内航空便開始
・1937年　　一等、二等、特定三等郵便局を「普通郵便局」、その他を「特定郵便局」と改称
・1949年　　逓信省廃止、郵政省設立
・1968年　　郵便番号実施
・2001年　　中央省庁再編、郵政省の郵政関連部門は総務省に吸収、事業部門は郵政事業庁に移行
・2003年　　郵便事業は日本郵政公社に移行
・2007年　　郵政事業民営化により日本郵政グループ誕生
・2012年　　郵政事業民営化見直しにより郵便局㈱を創設

●特定郵便局とは何か

　ここでちょっと脱線して特定郵便局について触れておきましょう。明治初期、政府は公費で全国に郵便局を設置することが財政的に困難であったため、郵便の取扱いを地方の名主や大地主に呼びかけその土地と建物を提供させま

した。これを「郵便役所」または「郵便取扱所」と呼び、これら名主などに「郵便取締役」という国家公務員の肩書を与え、彼らにに郵便事業を委託する形（世襲制）を作り上げました。

当時の名主・地主たちはこれを大きな名誉として受け入れました。この特定郵便局の局長さんたちの既得権保持をめぐる動きが後日、政党の根強い選挙地盤となり、郵政民営化法案の審議が難航した原因となりました。

●郵貯ジョイントカードの発足

郵貯ジョイントカードは、「日本郵政公社と提携した事業者のカードに郵貯キャッシュカード機能を追加した一体型のカード」と定義されています。2007年10月1日の郵政民営化に伴うゆうちょ銀行の設立を機に新規入会・発行を終了しました。1984年に政府が郵便貯金規則を改正し、「郵貯共同カード」（クレジットカードとキャッシュカード双方の機能を合体したカード）の発行の道を開きました。これにより発行された第1号が日本信販が郵貯と提携して発行した「日本信販・郵貯ジョイントカード」です。

以下ちょっと脱線しますが、このカードについては面白い話があります。当時、VISA International東京事務所は、カードの国際化の方向からずれてガラパゴス化の道を踏み出そうとする日本の銀行系カード会社の動きを心配して、これを阻止する狙いから、銀行系でない日本信販をSpecial Liscenseeとして、VISA Internationalへの参加を認めました。クレジットカードの発行の独占を狙っていた銀行系のカード会社はこの措置に激怒、その後しばらくの間このカードをボイコットし、VISA JAPANの決済制度に「日本信販・郵貯ジョイントカード」の売り伝票を載せることを拒否しました。俗にいう「幽霊売伝」騒ぎが発生しました（脱線終わり）。

以下、郵貯ジョイントカードの主な歩みを追っておきます。

・1984年　　日本信販・郵便貯金ジョイントカード発行
・2001年　　共用代理人カード（家族カード）発行
・2005年　　日本信販・クレディセゾン・JCBが郵貯ゴールドカードを発行

・2007年　　郵政民営化に伴い、新規入会・発行を段階的に終了
・2008年　　ゆうちょ銀行本体でJP BANKカードを発行し、ジョイントカードの取扱いを終了

　郵貯ジョイントカードは、1984年の初発行以来しだいに、銀行系、流通系、交通系などのカード会社との提携の輪を広げ、2005年8月現在、カード発行会社数56社、発行したカードの種類は143種に上り、わが国クレジットカード業界の発展に大きく貢献しました（2005年以降の推移は未詳）。なお、郵貯ジョイントカードは、民営化前後の2006～2009年にかけて順次取扱いを終了し、現在残っているのはJP BANKカードのみとなっています（発行枚数未詳）。

### ●ゆうちょ銀行ATM

　ここでは、郵便局のATMに焦点を絞って簡単に話しておきましょう。

　日本全国に展開されているATMは、2013年末現在で約17万2,000台あります。このうち郵便局のATMは2万6,669台です（ゆうちょディスクロージャー誌2013）。

　ATMの機能は最近多機能化が進み、まことに便利なものになってきました。しかし当時は、外国人が日本にやってきて、持参した自国のカードをATMに差し込んでも、言うことをきいてくれるATMはなかなかありませんでした。国際化されたATM、これをグローバルATMと言いますが、日本のATMはすべてグローバルATMではありません。来日外国人が文句を言います。

　そこで、2000年開催の沖縄サミットや2002年広島で開催されたサッカーワールドカップ大会に備えて、郵貯ATMが次々にグローバル化され、関係者の苦境を救いました。当時私は、ある関係で大会に出席、サッカーボールにペレさんのサインをしてもらいました。懐かしい思い出です。

## 〔図〕新しい日本郵政グループの機構図

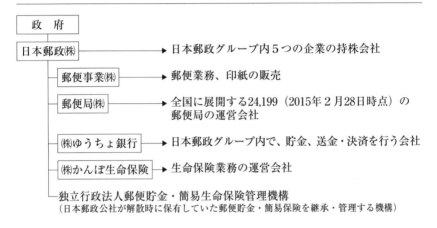

## 5 貸金業法はわが国の消費者金融の歴史を語る

「お金を貸す」という言葉を聞くと、私たちはすぐ、高利貸しとか、ヤミ金とか悪い意味での金貸しを連想しがちです。しかし、よい意味での金貸しは世の中に必要であり、数多くの金融業者が活躍しています。お金の貸し借りは、私たちが日常生活の歯車を円滑に回すうえで必要不可欠な潤滑油あるいは血液の役割を果たしています。このことは、給料日の前に主婦が苦労する家計のやり繰り、小規模事業主などが必要とするつなぎ融資、運転資金、手形決済日の先延ばしなどを思えば容易に理解できるはずです。

金貸しの親玉は日本銀行を筆頭とする各種の銀行です。この銀行業務を規制する法律が銀行法です。1981年に制定されました。お金を貸す仕事をしている人は銀行だけではありません、いろいろな種類の金融業者が活躍しています。これらの金融業者の中には、よからぬ、悪辣な目的でお金を貸す人たちも含まれています。金融業者を規制するのが貸金業法です。「サラ金規制法」という安っぽい俗称で呼ばれていますが、割賦販売法、出資法と並んで、金融業務を規制する大切な法律です。クレジットカードと貸金業法との接点は、キャッシングです。

### ●貸金業法とはどんな内容か

貸金業法は、貸金業者について登録制度を設け、かつ、貸金業者の団体を認可することにより貸金業務の適正な運営を確保することを目的として、1983年に「貸金業規制法」という名の下で議員立法されました。その後、社

会情勢の変化に対応して、割賦販売法と同様、たび重なる改正が加えられ、カード社会を規制する3つの法律の1つと目されるようになってきました。

貸金業法とクレジットカードのかかわりは、「銀行および外国の銀行でない者」、すなわち、クレジットカード会社や信販会社、割賦販売業者など、銀行以外の者がキャッシングローンを提供する場合は、貸金業法に基づいて登録することが義務付けられている点にあります。この法律は、第1部第16項で述べた割賦販売法と同様、当初はクレジットカードの存在そのものをまったく意識しておらず、単に貸金業者のお行儀をよくすることを目的として制定された法律でした。

### ●貸金業法の誕生とその後の改正の社会的背景

第1回目の改正は、2003年に行われました。この年は、前述したカード犯罪の第4期、つまりIT技術を駆使する犯罪が本格化した2000年代前半にあたります。サラ金3悪、3K問題、自殺による生命保険からの返済の強制、悪徳商法の跋扈などがこの頃に社会問題化され始めました。これに対応するために同法の改正案が国会に上程されましたが、サラ金業界や族議員の抵抗が強く、改正法は5段階にわたって少しずつ施行せざるを得ない状況になりました。

〔改正法の段階的施行〕

（1）　第1次施行（2006年12月20日）

・改正法付則第66条　　最初は、下記のような政府の責務を謳いあげるにとどまりました。

　　これは、法施行を先送りしようとする反対派の努力が効を奏した結果と言われています。

〔政府の責務〕

　「政府は、多重債務者問題の解決の重要性にかんがみ、借入又は返済の相談や助言等を受けることができる体制の整備、資金需要者への資金の融通を図るための仕組をつくり、貸金業者に対する取締を強化し、悪質な貸金業者を処分するための施策を、総合的かつ効果的に推進するよう努めなけ

ればならない」。

　（２）　第２次施行（2007年１月20日）

改正法第１条（目的）と第26条（貸金業協会の設立の認可）が施行されました。

　（３）　第３次施行（2007年12月19日）

施行後１年経ってやっと具体的な取締策が登場してきました。
・法律名改称　「貸金業規制法」が「貸金業法」と変更されました。
・貸金業者の登録要件が強化されました。
・取立行為の規制が強化されました。
「貸金業者は威迫又は平穏を害する言動をしてはならない」。具体的には、暴力的な態度、大声をあげたり乱暴な言葉を使う、多人数で債務者や保証人の家へ押しかける、保険金による債務の弁済の強要または示唆するなどの行為（注）を禁止しました。

　　（注）　借り手の自殺による生命保険金による弁済の禁止を言います。
・監督庁の監督権限が強化されました。
・全国貸金業協会連合会が解散し、日本貸金業協会が設立されました。

　（４）　第４次施行（2009年６月18日）
・業者の財産的基礎要件の強化　従来の最低純資産額「個人300万円、法人500万円」を2,000万円に引き上げて、業者の財務的基礎を強化させました。
・貸金業務取扱主任者資格（国家資格）制度の創設　従来の業界資格を格上げして、全国共通の専門家を養成するための講習が始まりました。
・指定信用情報機関の創設　詳しくは、第１部第５項「泣く子もだまる個人信用情報機関」を読み直してください。

　（５）　第５次施行（2010年６月18日）
・貸金業務取扱主任者を必置することになりました。
・業者の財産的基礎要件の再強化　最低純資産額の2,000万円がさらに5,000万円に引き上げられました。
・総量規制の導入　指定個人信用情報機関のデータを利用して、１社で50

万円、または他社と合わせて100万円を超える貸付けを行う場合には、源泉徴収表の提出を受けることを義務付け、年収の3分の1を超える貸付けは原則として禁止されました。ただし、緊急医療費、個人事業主の事業資金貸付け、つなぎ融資、配偶者貸付け（夫婦の年収を合算してその3分の1とする）は特例措置として例外規定が設けられています。

・みなし弁済制度の廃止　　貸金業規制法（現貸金業法）43条は、債務者がグレーゾーン金利に基づいて計算された金利を任意で支払った場合は有効な利息の支払いとみなしていました。これを「みなし弁済」と称していました。最高裁の判例により、このみなし弁済制度を規定した第43条は廃止されました。第1部第9項の「知ってほしい金利と借金の相関関係」を読み直してください。

・日歩貸金業者（注）並びに電話担保金融が廃止されました。
　　（注）　中小の商工業者を対象とする融資で、日掛けローン、日掛け融資とも言います。毎日返済することを条件に、金利は出資法の特例措置として54.75％が認められていました。

・社会通念上常識的と認められる債務者の申し出に従わない取立行為が明文で禁止されました。
　　（例）　借主が「○月○○日○○時に返済するから来宅してほしい」と申し出た場合、この申し出が非常識なものでなければ、その申し出以外の時刻に取り立てのために訪問することは禁止されます。

・「強制執行認諾付公正証書」（注）作成のため委任状を取得することを禁止しました。
　　（注）　「約束を破ったら強制執行されても異議ありません」という条項を盛り込んで公証人に作成してもらう公正証書です。

・貸金業の登録を取り消す権限を強化しました。

・ヤミ金融対策の強化　　罰則が引き上げられて、懲役5年以下、罰金1,000万円以下が10年以下、3,000万円以下に強化されました。

・広告の規制が強化されました。

・附則67条（見直し・検討規定）が追加されました。
  第１項　改正法施行後２年６月以内に、改正後の規定の実施状況、貸金業者等の実態等を勘案し、検討を加えその結果に応じて所要の見直しを行う。
  第２項　出資法及び利息制限法のあり方について検討する。
  第３項　改定後の規定の実施状況について検討を加え、必要がある場合にはその結果に応じて所要の見直しを行う。

## ●貸金業法改正がクレジットカード業界に及ぼした影響とは

〔直接的な影響〕

（１）　総量規制の影響

　クレジットカードのキャッシングには、従来年収による制限はなく、カード会社による審査に委ねられ、限度額、頻度等が決められていました。しかし、総量規制の実施でその状況は大きく変化しました。キャッシングによる借入額が年収の３分の１を超えていると、ショッピング枠はゼロとなります。これまで１人で複数枚のクレジットカードを利用していた人たちも、いろいろなカードを使いまくることができなくなりました。

（２）　カード発行審査体制の見直し

　総量規制は、クレジットカード会社のカード発行審査体制にも影響を与え始めています。申請があり、審査にパスすれば１人のカード会員に対し何種類でもカードを発行してきたやり方を見直すイシュアも出てきました。

（３）　広告規制の影響

　広告宣伝の頻度、広告の表現、他社の返済にかかわるような表現、誰でもすぐカードを発行するという表現などにも当局が厳しい目を光らせています。

（４）　クレジットカード会社の利益を圧迫

　カード会社が取り扱うATMも登録の対象となりました。その結果、ATMを全国的規模で共同利用しているカード会社は、そのリストを変更の都度当局に提供する義務が課せられました。リスト作成費用がかなりの負担増となるといわれています。

〔間接的な影響〕
　（1）　多重債務者数の減少
　統計上は確かに減少傾向にあります。しかし、実態ははたしてそうなのでしょうか。お金の潜在的需要者数が、法律の施行・改正のみで変わることがあるのでしょうか。潜在的需要者は地下にもぐっただけ、という説もあります。
　（2）　ヤミ金融業者の台頭
　登録から除名された貸金業者、法定の資産規模を持たない金貸業者、最初から地下にもぐり違法行為覚悟で荒稼ぎを企てる金貸しなど、潜在的な資金需要者が存在する限り、彼らの跋扈は絶えないでしょう。

### ●ヤミ金融対策法とは

　貸金業法の俗称が「サラ金規制法」であることは、冒頭で触れました。この俗称のほかに、「ヤミ金融対策法」という俗称が貸金業法の参考書に時々出てきます。両者は間接的には関係がありますが、まったく別の法律です。平成15年（2003年）第156回通常国会で「貸金業規制法及び出資法の一部改正法」が8月1日に成立し、翌年の平成16年1月1日に施行されました。この法律の俗称が「ヤミ金融対策法」です。つまり、サラ金規制法をヤミ金融対策法が改正したわけです。混同しがちです。注意しましょう。
　ヤミ金融対策法の主な内容は次のとおりです。
① 貸金業登録制度の強化
② 罰則の引上げ
③ 違法な広告・勧誘行為の規制
④ 取立行為の規制強化
⑤ 高金利での貸付契約の無効化

# 6 IT社会の進展は銀行離れを加速するか

　この原稿を書いている真っ最中に、朝日新聞の社説を読んで私は「プッ」と吹き出してしまいした。「オレオレ詐欺まで銀行離れ」、「偽の電話をかけ共犯者が被害者の自宅まで出かけ直接現金を受け取る手口」、と書いてありました。犯罪者までが銀行（ATM）から離れていくとは、世の中も変わってきました。

　話は変わりますが、ネイティブデジタリアンの皆さんも、夏目漱石の『吾輩は猫である』をお読みになったことがあるでしょう。漱石が自宅に出入りする人々の人間模様を描いた長編小説です。この題名をちょっと拝借して「我輩は銀行である」と題し、最近銀行の周りに起こっているいろいろな事象をまとめてみました。銀行については、第２部第２項・３項の２回にわたり詳しく書きました。読み直してみてください。とにかく、最近ところどころで生じている出来事は、今までどっしりと胡坐をかいてわが世の春を詠ってきた銀行にとってはあまり愉快なことではないようです。これらの出来事に対し銀行業界は遅ればせながら対策に乗り出したようです。発端は、これまで銀行の独占業務として誰も疑わなかった為替分野から始まり、やがてメディアから「銀行離れ」と呼ばれるようになりました。

### ●銀行離れとは何か

　親離れ、乳離れ、肉離れなどの言葉はよく耳にします。2013年１月６日の日本経済新聞に「銀行離れ」が進んでいるという聞きなれない言葉が載りま

した。1970年代後半から債務危機に苦しむ銀行が貸出しを渋る傾向が出始めました。このため大企業は、直接資本市場から必要資金を調達するようになりました。金融には直接金融と間接金融とがあります。直接金融は銀行を通さずに資金を調達すること、間接金融は銀行から融資を受けることを意味します。

1980年代、この直接金融の萌芽が現れ、2008年のリーマンショック以降、製造業の銀行依存度の低下、すなわち直接金融の傾向が強くなってきました。これが銀行離れの始まりです。戦後から一貫して銀行業界を支えてきた「間接金融」というビジネスモデルは、1980年代から揺らぎ始めました。当時、銀行業の証券業界への本格的な進出は制度上認められていませんでした。銀行は、企業が直接金融へ傾斜し始めたことと、厳しい競争に直面せざるを得ないという両面から挟み撃ちにあった格好となり、さらに、最近IT革命に起因する銀行離れの波が押し寄せて苦しい立場に追いこまれてきました。決済分野における銀行の独壇場は過去のものとなりつつあります。難しい話はこの辺でやめます。このIT革命の具体的な小さな動きを中心にして考察を進めていきましょう。

● 蟻の一穴が始まった

銀行というと私どもはすぐ、全銀協、メガバンク、地方銀行、ロビー活動、徳川幕府の御用商人、両替商、金貸しの親玉などを連想します。銀行法（1981年6月1日法律第59号）は「銀行」を次のとおり定義しています（第2条1項・2項）。

銀行とは内閣総理大臣の免許を受けて、次のいずれかを行う者を言います。
① 預金・定期積金の受け入れ
② 資金の貸付け
③ 手形の割引
④ 為替取引

これら①～④までの業務を「銀行業務」と称します。総理大臣の免許を取らずにこの銀行業務を行った者は罰せられます。たとえば、メディアがしば

しば報道している地下銀行がその好例です。

　ところで、堅固に築き上げた堤でも、蟻が掘って開いた小さな穴が原因となって崩壊することを「蟻の一穴」といいます。この穴が最近いろいろな形で登場してきました。銀行が嫌がる穴です。この穴は、銀行がこれまで独占してきた銀行業務の1つ、為替業務（送金）の分野から登場してきました。せっせと働く蟻の正体はIT企業です。そして、この穴の進出を認めた法律が2008年に成立した資金決済法です。

● **資金決済法は蟻の一穴になるか**

　この法律は、前払い方式で商品券やプリペイドカードなどを発行する業者と送金を扱う資金移動業者の健全な発展と利用者の利益の保護を図ることを目的として、2008年に制定されました。銀行の専業であった送金・決済サービスを一般の事業会社が提供することを認めた法律です。「この法律と蟻の一穴とどんな関係があるの」と質問されそうです。この法律が定める「資金移動業者」が両者の接点になっています。法律制定当時は、資金移動すなわち送金・決済業の種類は限られていると考えられていたようです。

　しかし、IT技術の発達により電磁的決済手段は飛躍的に普及してきました。電子決済ビジネスという新たな市場が登場しました。私がいう蟻の働き場所が広範囲にわたってきたわけです。IT技術は身軽です。新しいことを次々と考え出してすぐ実行に移します。消費者のニーズをすぐ掴み取ることができます。消費者のニーズに対応して送金・決済ができる時間帯を24時間・365日としたのもIT業者でした。全銀協も最近これらの動きにようやく気づき、「これではいかん、個人消費者のニーズが掴めなくなる、競争に負ける」と言ってやっと重い腰を上げたようですが、何しろ図体が大きく小回りがききません。24時間・365日の実現は2018年をメドとされています。

　資金決済法がカバーする取引形態は、①紙型のビール券や商品券など、②IC型のEdy、SuicaやICOCAなど、そして③サーバ型のWebMoney、Bitcoin、アマゾンギフト券などの3つの分野です。サーバ型について少し説明しておきます。電子マネーには非接触式ICカード型とサーバ型という2つのタイプ

があります。サーバ型はコンピュータ上でデジタルデータのみをやり取りして決済を行うタイプです。Bitcoinについては最近メディアが大騒ぎしていました。これがサーバ型電子マネーの代表選手です。

●資金移動業の認可

内閣総理大臣から免許を受ければ銀行以外の人でも、100万円相当額以下の為替取引を業として営むことができるようになりました。3つのタイプがあります。

① 営業店型　送金を希望する人がA営業店に行って現金を渡して送金を依頼します。A店は提携先のB店に送金情報を連絡します。受取人はB店に出かけてお金を受け取る形です。

② インターネット・モバイル型　送金を希望する人が資金移動業者のウェブページにアカウントを開き、入金し、受取人のアカウントに送金した旨を伝えます。受取人は指定されたアカウントからお金を受け取る形です。

③ カード・証書型
　・カード型　海外渡航者はアカウントに入金してカードを作成し、アカウントからカードにチャージし、このカードを持って旅行し、現地提携先のATMから現金を引き出す形です。
　・証書型　マネーオーダーの一種です。

●小さな蟻の小さな穴の具体例をみる

小さな、小さな穴と書きましたが、この穴は今は小さくてもしだいに大きくなる可能性を秘めています。将来性を秘めた働き蟻の動きを追ってみましょう。皆さんご存知のものもかなりあるはずです。

（1）　プリペイドカード（プリカ）

資金決済法では「前払式支払手段」と呼ばれ、以下の5つの条件を満足したものに限られています。

① 交通系、流通系の電子マネーであること。
② 商品等の数量を証票・ICチップ・コンピュータサーバーに記録するこ

③ 上記の数量に相当する対価が支払い済みであること。
④ 証票等に番号・記号・符号が記されていること。
⑤ 買物をするとき、上記の番号等が提示・交付・通知されること。

プリカは当初、商品券、ビール券、テレホンカード、JRオレンジカードの形をとっていました。その後、通信技術の発達や利用者のニーズに応じて主として交通分野で発達してきました。新しいものを並べておきましょう。

・ライフカードの日本初の「VISAバーチャルプリカ」
・三菱UFJニコスの「e-さいふ」
・クレディセゾン・ココカラファインの「ココカラクラブカード」

プリカは次の利点を備えています。
① 少額の現金の代替が可能
② 端末レジでの処理スピードが速い
③ 使い過ぎることがない
④ ギフト券として利用可能

　（2）　ドコモケータイ払い

NTTドコモが提供する電話料金合算払い、ドコモ口座払い、クレジットカード払い、iDネット決済などの決済サービスが利用できます。

　（3）　地下銀行

銀行法4条の免許を取らず海外に送金する違法な送金機関です。主として来日した外国人が違法就業で得た金を母国に送る手助けをしています。日本では、1997年に初めて摘発されました。マネーロンダリングやテロ資金送付等に悪用されることがあります。

　（4）　ハワラ

中東から南アジアを中心とするイスラム社会に見られる送金システムで、記録を一切残さない信用取引を特徴としています。

　（5）　未来バンク事業組合

市民から出資金を預かり、環境にやさしい商品を購入する人や環境にやさ

しい事業を営む人に低利で融資する民間の市民団体です。1994年に始まりました。

その他、この蟻の動きを列挙してみましょう。

・女性・市民コミュニティバンク　2010年頃登場しました。市民が出資したお金をもとに地域社会や環境保全活動を行うNPOなどに融資する「市民のNPOバンク」です。銀行ではなく、貸金業として活躍しています。
・市民ファンド　「志のあるお金の仲介者」と呼ばれています。市民から寄付を募り、地域で活躍するNPOや地域団体にお金を貸す民間団体です。
・コンビニ決済　ペーパーレスかつ前払式の決済手段で、後払式のクレジットカードとともによく利用されています。
・現金渡し　配達先で現金と引き換えで商品を渡す方式です。
・auかんたん決済　KDDIが提供するスマートフォン向け決済サービスです。
・地域カード　小売大手や交通機関で利用されるクレジットカードや電子マネーの機能を持たせたカードで、地方自治体（盛岡市）が中心となって限定された地域で実用化されています。
・電子マネー　第3部第5項で詳しく述べます。
・PayPal　米国のPayPal Inc.は1998年、電子メールアカウントとインターネットを利用した決済サービスを提供する目的で設立されました。親会社は大手オークションサイトeBayです。同社のサービスは米国を中心に世界中に普及しています。日本のユーザーの利便性向上を目的とした日本語表示が2007年に始まりました。
・Wallet　MasterCard加盟店で利用できる前払式のカードで、買物のたびごとにポイントが貯まります。貯まったポイントはカードにチャージされて次の買物に使用できる仕組みとなっています。コンビニ決済、携帯キャリア決済、YAHOOウォレット決済などに利用されます。AUWALLETが代表的なものです。
・PointExchange　買物などで貯まる各種のポイントを1つにまとめ、現

金や商品などに交換するサービスです。
- ビットコイン　　第3部第4項で詳しく述べます。
- ペイジェント　　2006年、ディー・エヌ・エーと三菱東京UFJ銀行の合弁企業として設立されました。インターネット・携帯電話上のクレジットカード決済、コンビニ決済等のマルチペイメント決済サービスを提供しています。
- イーコンテキスト　　1994年に設立された㈱デジタルガレージ社が提供する決済を中心とするサービスです。最先端のインターネットビジネスも開拓しています。
- GMOペイメントゲートウエイ　　電子商取引事業者に対し、クレジットカード決済サービスを提供することを目的として1995年に設立されたネット上の株式会社です。
- ソフトバンクペイメントサービス　　ソフトバンクグループ内のクレジットカード決済やコンビニ決済等を代行するサービスです。
- ベリトランス　　米国の電子マネー開発会社、サイバーキャッシュ社の子会社で、1997年に日本の株式会社として設立されました。サイバーコインやサイバーキャッシュという決済サービスを提供しています。
- Western Union　　1851年に創業した米国の金融・通信事業会社です。個人間の国際送金、為替、貿易などの各種金融事業を行っています。世界200カ国以上に代理店網を持っています。日本とは、トラベレックスジャパン、セブン銀行、大黒屋、ファミリーマートと提携しています。
- シャドウバンク（影の銀行）　　中国で急速に発達しています。「シャドウバンク」が、投資家やお金を運用したい人に銀行理財商品（中国で取引される高利回りの資産運用商品）や信託商品などを売ってお金を集め、このお金を社債、銀行引受手形などの形を通して企業に貸し付けています。借りた企業が倒産すると影響が大きいので心配されていますが、急激に利用する人が増えているようです。
- 小売店、独自の電子マネー発行の動き　　①CGCグループ（スーパー共同仕

入れ）は2015年春独自の電子マネーの発行を予定、②北海道コープさっぽろ（ちょこっとカード）、③ドン・キホーテ（マジカ）があります。
- おサイフケータイ　　第3部第6項で詳しく述べます。
- FINTECH　　第3部第8項で詳しく述べます。

> **【忘れがたき思い出⑫】** ガラパゴス現象の遠因とは
>
> 　自称"ITオンチ"の私と携帯電話との出会いの話です。「徘徊老人」とは妻が私につけたあだ名です。とにかく散歩が好き、1日1万歩を目標とし、歩数計を片手に坂道の多い荻窪の町を歩き回ったものでした。今では千歩も無理で、2本の足の代わりに専ら4本の足を備えたタクシーを利用しています。
>
> 　この徘徊老人も、妻の命令も出しがたく、ついに大嫌いな携帯電話を持つハメとなりました。「迷子になっても連絡できる」と言うのが敵の言い分です。仕方ありません。近所のNTTドコモの店で、「一番簡単な、電話するだけの機能を持つ携帯電話をくれ」と頼みました。店員さんは妙な顔をしていましたが、ずらりと並んでいる携帯電話の中から1つつまみ出して渡してくれました。入手したマニュアルを開いて驚きました。複雑すぎます。やたらにボタンを押しまくると動かなくなりました。
>
> 　なにやら訳のわからないボタンや記号がぎっしり並んでいるこの小さな物体をつくづく眺めてふと気がつきました。日本人は、とにかく小さなものにやたらにいろいろなものをかっこよく詰め込むことを好み、またそれを得意としています。その反対で、欧米人はsimpler the betterで、無骨でも簡単なものを好みます。太平洋戦争当時の日本のゼロ戦と米国のグラマンF6Fヘルキャットがその典型的な例です。民放で人気の高いbefore and afterも日本人の好みに合っているようです。
>
> 　電子機器の規格を見ても、欧米人はsimpleな規格を選び、日本の複雑精緻な規格を難しすぎると毛嫌いしました。日本のメーカーが作成した優秀な機器の市場は日本国内に限られました。これがガラパゴス現象の遠因ではないでしょうか。

第 3 部

IT社会の落とし子たち

## 1 インターネット・バンキングは便利だが危険がいっぱい

　インターネット・バンキングとは、銀行がネット上提供する銀行取引のサービスです。

　銀行の窓口、またはATMを利用しなければ用が足せない取引（貸金庫の開閉、担保物件や船荷証券の審査、多額の現金の授受など）以外のほとんどすべての銀行取引は、このインターネット・バンキングの取扱対象となります。パソコンを使う場合をインターネット・バンキング、固定電話、PHSを使う場合をテレフォンバンキング、携帯電話を使う場合をモバイルバンキングと呼びますが、利用する端末が異なるだけで、3者に大きな違いはありません。なお、セブン銀行や楽天銀行は、そのサービス規定で「リモートバンキング」という文言を使っていますが、内容はインターネット・バンキングと同じです。

　最近インターネット・バンキングを悪用した不正送金犯罪がたびたび大きくメディアで取り上げられています。インターネット・バンキング不正送金と振り込め詐欺は、現在のわが国における二大犯罪と言われています。取締当局も押さえ込みに躍起となっていますが、狡知に長けた犯人グループは、当局の動きをあざ笑いながら、次々と新手を繰り出し、ますます猛威を振るっているようです。ちなみに、平成26年版の警察白書は、「不正送金先の口座の名義人は、約7割が中国人、約2割が日本人」と分析しています。

**1** インターネット・バンキングは便利だが危険がいっぱい

### ●インターネット・バンキングの誕生

　1998年頃から、銀行は競ってインターネット・バンキングのサービスを始めたと言われています。それまでは、銀行と企業間をオンラインで繋いで経理上の手間を減らす程度でしたが、コンピュータの普及に伴い、銀行は、顧客の獲得・維持のため厳しい競争の下でいろいろなサービスを提供することが必要となったわけです。2000年には、さくら銀行（現：三井住友銀行）が、日本生命、東京電力、NTT東日本と共同で出資して、初めてのインターネット専業銀行であるジャパンネット銀行を設立しました。2003年頃からは、本格的な法人向けネットバンキングサービスを提供する銀行が増えてきました。

### ●インターネット・バンキングの犯罪はいつごろから始まったのか

　アドウエア（不正ウイルスの1種）で他人のパソコンに侵入して個人情報を盗み出したり（1995年発見）、フィッシング詐欺（1995年登場）で、他人のID・パスワードを盗み、他人の銀行口座から犯人自身の口座にお金を不正送金する犯罪が増えてきました。不正ウイルス、スパイウエアが初めて登場したのは2001年のことでした。大雑把に言って、20世紀末頃からインターネット・バンキング犯罪が発生したと言って間違いないでしょう。

### ●インターネット・バンキング・サービスの内容

　インターネット・バンキングの主な取引内容は次のとおりです。銀行によって若干の相違があります。「○○銀行ダイレクト」という名前で呼ばれています。

① 残高照会
② 口座の取引明細の表示・郵送
③ 振込み・振替え
④ 定期預金・外貨預金・投資信託の申込み
⑤ ローンの申込み
⑥ 宝くじの購入
⑦ 外国為替取引
⑧ 為替レート・外国為替チャート・高値・安値一覧の表示

⑨　海外送金
⑩　カードの紛失届け、暗証番号変更
⑪　ATM利用限度額の変更
⑫　公共料金等の収納、など

●インターネット・バンキングに対する法規制

　主な規制法令は、刑法（電磁的記録不正作出・毀損、電子計算機損壊等業務妨害等など）、不正アクセス禁止法、預金者保護法、犯罪収益移転防止法などです。

●インターネット・バンキングの不正行為の手口

代表的な手口をあげておきます。
①　他人から盗み出したID・パスワードを利用する。
②　ファーミングやフィッシングでID・パスワードを盗み出す。
③　不正なウェブサイトを示してID・パスワードを入力させて盗み出す。
④　ウイルスを他人のコンピュータに送り込んで情報を流出させる。
⑤　ID・パスワードの「使いまわし」(注)を悪用する。など
　　(注)　複数の銀行と取引し、複数のネットサイトを利用している人が、すべてのサイトに１つのID・パスワードを利用すること。犯人はある１つの銀行・サイトから何らかの手段で盗み取ったID・パスワードを複数の銀行・サイトに悪用することができます。金融機関は、この「使いまわし」をやめ、それぞれのサイトに独立したID・パスワードを作るよう呼びかけています。

●不正送金ウイルス――VAWTRAK

　不正ウイルス、不正プログラムそしてその他人のコンピュータへの侵入手口はまさに日進月歩、次から次へと新種が開発されています。今から約３年前、私は当時判明した不正ウイルスを調べたことがありました。95種のウイルスが見つかりました（興味のある方は、拙著『サイバー犯罪対策ガイドブック』(2012年)66頁～76頁を参照してください）。VAWTRAKは、2014年春初めて存在が確認された自立型の新種のウイルスです。利用者がインターネット・バ

ンキングにアクセスしたのを検知すると、自動的に不正送金手続を開始し、偽のサイトを表示して利用者にパスワードを打ち込ませるよう誘導し、「準備中」などのサイトを出してその間に預金残高を振り替えてしまいます。アールボット、キーロガー、スパイウエアなどの従来型のウイルスでは、この振替手続は犯人が手動で行っていました。

なお、ウイルスの中には、不正なのかそうでないのか境界線スレスレのものもあります。Winny裁判がその好例です。2006年12月13日、京都地裁はウイルス"Winny"の開発者を著作権法違反幇助の罪で有罪としました。上告審で最高裁は「Winnyにはさまざまな用途があり、価値中立的なソフトである」として無罪判決を下しました（2004年12月19日）。

### ●インターネット・バンキングの不正送金被害額

統計は2011年から始まりました。その年の被害額は3億800万円でしたが、取締りが強化され翌年には大幅に減少しました。しかし、その後再び増加に転じ、2014年以降急増しています。特に、2014年6月以降は、毎月100件以上の被害が発生し、深刻な状況を呈しています。

| | | |
|---|---|---|
| 2012年 | 64件 | 4,800万円 |
| 2013年 | 1,315件 | 14億600万円 |
| 2014年 | — | 29億1,000万円 |
| 2015年1月～5月始めまで | — | 14億1,700万円 |

### ●警察当局の対策

（1）　警視庁―特別捜査官

警視庁は、1993年から専門知識や能力をもつ人材を民間から中途採用する制度を開始しました。特別捜査官の種類は以下の4つです。

① 　コンピュータ犯罪捜査官　　ネットワーク操作指導室に繋がります。

② 　科学捜査官

③ 　財務捜査官

④ 　国際犯罪捜査官

（2）　警視庁

1999年5月、ハイテク犯罪対策センターが設置されました。
次の4つの犯罪取締りを担当しています。

① ハイテク犯罪
② 不正アクセス行為
③ インターネット端末を利用する営業者による不正行為
④ 高度な技術を利用する犯罪

・2000年2月　ハイテク犯罪対策総合センターと改称されました。
・2011年4月　サイバー犯罪対策課と改称されました。
・2013年7月　サイバー犯罪特別対処班が設置されました。東京都内でのサイバー犯罪捜査結果を関係都道府県警察に提供することを任務としています。

（3）ネットワーク捜査指導室

2014年10月に設置されました。新種のコンピュータウイルスやサイバー犯罪の手口を分析・研究し、民間の情報セキュリティ会社と連携してサイバー犯罪情報を共有し、警視庁のすべての捜査官と連携して適格な指導を行うことを任務としています。最近、この指導室はネット犯罪対策の一環として、これまで後追いで対策を講じていた方法を改め、「攻め」の作戦を開始しました。その内容は次のとおりとなっています。

① まず、他人のパソコンに指令を出しているサーバーを特定する。
② 遠隔操作でこのサーバーをネットワーク指導室の管理下に置く。
③ サーバーと感染したパソコンが相互間でデータをやり取りするのを逆に利用して、サーバーから出されたプログラムを変えて不正送金指示を出さないようにすることにより、ウイルスを無力化する。

●銀行が講じている対策

① TLS（セキュリティを要求される通信を行うためのプロトコル）による通信の暗号化
② 特別な暗証番号の採用
③ ログインパスワードの採用

④　ワンタイムパスワードの採用
⑤　乱数票の活用
⑥　キーロガーウイルス対策
⑦　フィッシング対策
⑧　取引上限額の設定
⑨　接続できる端末をIPアドレスにより制限
⑩　一定時間経過後のログアウト採用（離席して一定時間コンピュータを使用しないと自動的にパソコンがログオフする仕組み）

●利用者が心掛けるべきこと
①　不審なサイトの閲覧、身に覚えのない不審なメールの開封を避ける。
②　ウイルス対策として、セキュリティソフトを最新の状態に保つ。
③　不必要なプログラムや信頼の置けないサイトからプログラムをダウンロードしない。
④　パスワード、暗証番号を定期的に変更し、他人に絶対に洩らさない。

●損害補償における銀行のスタンス

2006年に施行された預金者保護法は、インターネット・バンキングを保護の対象外としています。同法施行前後の銀行のスタンスを以下にまとめておきます。

①　顧客向けインターネット・バンキング被害
　　1996年～2001年にかけて発生したいわゆる「金融ビッグバン」の下で激しい競争に巻き込まれた銀行は、「銀行に過失がない場合でも、個人顧客が自身の責任によらず被害に遭った場合は、その被害については銀行が補償する」という申し合わせをしました。

②　法人向けインターネット・バンキング被害
　　銀行は各自、預金者保護法に従って被害を補填していましたが、2014年7月17日、全銀協は「法人向けインターネット・バンキングにおける預金等の不正な払戻しに関する補償の考え方について」を会員銀行向けに発表しました。インターネット・バンキングにおいて、法人の被害が

拡大していることを受けての措置と言われています。

●インターネット・バンキングの今後

メガバンクのあるインターネット・バンキング担当者の言葉を1つ引用しておきます。「ワンタイムパスワードさえ客は面倒だと不満を言う。これ以上いろいろな対策を織り込むと、インターネット・バンキングは今後どう展開していくのか不透明だ」と彼は言いました。

現在のように不正送金が急増し続けると、大口取引先である法人でさえもインターネット・バンキングに危機感・不信感を抱くようになるのは当然のことです。何よりも、インターネット・バンキング不正送金犯罪を押さえ込むことが急務でしょう。

【忘れがたき思い出⑬】スポーツ大会に絡む思い出

　忘れがたい思い出が2つあります。1つは1988年ソウルで開催された第24回夏季オリンピックです。この大会には、聖火鳩焼き事件、カナダ選手のドーピング事件、ボクシングの不正判定事件、金賢姫の大韓航空機爆破事件などいやな話もまとわり付いていますが、ここでは、オリンピックの協賛企業であるVISAが世界で初めて披露したPLUS ATMの展示会の話をします。私はこのATMの責任者としてソウルに滞在しました。韓国の皆さんは不発爆弾を見守る形でATMの回りをぐるりと取り囲んでいました。金額と暗証番号が打ち込まれると現金が出てきました。かすかにどよめきの声が聞こえました。「あの箱の中には人が入っており、キーが打ち込まれると中から現金を差し出す」という声が聞こえてきました。

　もう1つの思い出は、1994年に広島で開催されたアジア競技大会です。ここでも私はMasterCardの責任者として大会を見る機会を得ました。エドソン・アランチス・ドゥ・ナシメント、通称サッカーの神様、ペレの署名入りのサッカーボールをいただき、彼と握手している写真が残っています。忘れがたいものがもう1つあります。広島本場のお好み焼きの味です。

## 2 だれでも手軽に参加できるインターネット・オークション

　オークションは、「競売、競り売り、セリ」などと呼ばれています。塩辛声を張り上げる築地市場の魚市場、西部開拓史に登場するアフリカ黒人奴隷のセリ市、歴史に詳しい方ならご存知のはずのロンドンの世界最古のオークションハウスSotheby's（サザビーズ）、これらはすべてオークションです。オークションとは、販売目的である場所に出された商品を最も高い価格を提示した買い手に売るため、それぞれの買入れ希望者に購入条件を競わせることです。平たく言えば、1人の売り手に対し複数の買い手が相互に買入価格を競い合い最も高い価格を示した買い手に品物を売る行為です。

　オークションには、「情報劣位」とか「情報の非対称性」という難しい言葉が出てきます。売買の対象となる商品のことをよく知っているか、知らないかの区別です。知らない場合を情報劣位にあると言い、商品のことをよく知っているか、知らないか、という不平等な知識の差を情報の非対称性と言います。取引においては、情報劣位にある人は不利な立場に立たされます。売買両当事者がなるべく平等な立場に立って取引ができるよう2つの工夫がなされています。

① market signaling　　優位な立場に立つ方が劣位者に対して商品の情報をなるだけ多く提供します。
② market screening　　劣位者が優位者に対していくつかの案を示し、その選択を通して優位者に情報を開示させます。

### ●オークションはどのように誕生したか

　オークションは、古い歴史をもっています、紀元前500年、バビロニアで開催された妻を獲得するためのセリがオークションの始まりと言われています。ローマ帝国時代の捕虜の奴隷のセリ、7世紀の漢帝国時代の僧侶の遺産を処理したセリ、16世紀英国で始まったセリ、これがロンドンの世界最古オークションハウスと言われるサザビーズ社やクリスティー社の設立につながっていったわけです。1997年、eBay社が登場してオークションは急速に発展しました。

### ●オークションの種類とは

いろいろな方式や呼称があります。主なものを示しておきます。

① シングル・オークション　　売り手または買い手どちらか一方が価格を提示する方式です。

② イングリッシュ・オークション　　買い手が価格を釣り上げながら、最終的に最も高い価格を提示した買い手に落札させる方式です。一般に行われているオークションです。

③ ダッチ・オークション　　門司港名物のバナナの叩き売りが好例です。的屋(てきや)が独特の口上を述べながら客を呼び寄せ、バナナを叩き売ります。売り手がまず最高価格を示し、これを順次引き下げていき、その途中で買い手参加者の誰かが「買い」と叫び、その時点での価格で売買が成立する仕組みです。「買い」と叫ばれたときに間発を入れず売り手が「えーもってけドロボー」と叫び返す、そのやりとりに面白さがあります。

④ 公開入札方式（Open Bid方式）　　公開の場で行われる競売で入札者は、相互に提示された価格を知ることができる方式です。

⑤ 封印方式（Closed Bid方式）　　買い手が相互に提示価格を知ることができない方式です。裁判所の不動産競売がこの方式を採用しています。

⑥ リバースオークション方式　　売り手が価格を決める方式です。政府や地方公共団体が工事を発注するときにこの方式を使います。

●インターネット・オークションの仕組み

通常のオークションをネット上で行うものをインターネット・オークションと言います。一般の人も気軽に参加できます。インターネット・オークションの流れを示すと次のとおりとなります。

① ネット上のオークションサイトを立ち上げます。
② ウェブサーバーは、サイト上にサイト利用規約を示し、違法もしくはサイト利用規約に反する商品が出品された場合には出品を断ることができる旨明示します。
③ 出品者は、サイト上に商品名、状態、現物写真、競売の開始時刻、終了時刻等の商品情報を示します。
④ 入札者は、購入希望の商品に対し購入希望価格を提示します。入札価格はOpen Bid方式によります。
⑤ オークション終了時刻が過ぎると、落札者と落札価格が確定されて、落札者にメールで通知されます。代金の支払いや商品の受け取りは、オークション規約に従って行われます。

●ペニーオークションとは

ペニーオークションは、インターネット・オークションの一種です。入札するごとに手数料を払い込む方式です。オークション開始時には価格が低く、釣り上げられる金額の幅も小額に抑えられていますが、手数料の合計金額が最終商品価格を上回ってしまうことが多いようです。落札できない人が払い込んだ手数料は戻してもらえません。丸損となる仕組みです。

●インターネット・オークションはどうして誕生したか

1995年、米国のエール・オミジャーという人が妻のコレクションを助けるためにネット上にオークションサイトを立ち上げたのが、インターネット・オークションの始まりと伝えられています（1774年に設立された世界最古の国際競売会社サザビーズ＝Sotheby'sが世界で初めて美術品のネットオークションを始めた、という説がありますが、何年に始めたのか確証できません。参考までに付記しておきます）。1998年、eBayが登場し、その後インターネット・オークシ

ョンは急速に成長しました。日本では、1998年7月、楽天スーパーオークションが、1999年9月にYahooオークションが誕生しました。

● インターネット・オークションをめぐる法規制

インターネット・オークションの当事者は、オークションサイトの運営者、商品出品者、入札・落札者の3者となります。これらの当事者間で締結される契約は、サイト運営者とサイト利用者（商品出品者、入札・落札者）間の契約、すなわちサイト利用規約と、出品者と落札者との間の商品引渡し・代金支払契約の2つとなります。インターネット・オークションの世界では、前述した封印入札方式と異なり公開の場で入札が行われますので、情報劣位におかれた消費者保護を目的とする特定商取引法は余り前面には出てきません。商法や民法に頼るケースが多くなります。以下の法律がケース・バイ・ケースで適用されます。

① 民事執行法
② 特定商取引法
③ 古物営業法
④ プロバイダー責任制限法
⑤ 景品表示法
⑥ 消費者契約法
⑦ 総務省の「ネットオークション取引基準ガイドライン」
⑧ 民法
⑨ 商法
⑩ オークションサイト利用規約

● インターネット・オークションをめぐるトラブル事例

インターネット・オークションをめぐる代表的なトラブルを並べておきます。

① 出品者の虚偽表示
② 落札商品の欠陥
③ 出品者への連絡不能

④　商品の不送付
⑤　出品者の詐欺行為（落札者から代金を先払いさせ商品を送らない）
⑥　サイト運営業者のトラブル対応が遅れる、あるいは不十分である
⑦　著作権侵害
⑧　商標権侵害
⑨　違法商品販売
⑩　毒物販売、など

●ダフ屋とインターネット・オークションとの違い

　ダフ屋は、「チケット等を転売目的で入手し、チケットを買えなかった人、またはどうしても買いたい人に、通常の値段より高い価格で売りさばく人」と定義されています。次に述べる2つの行為に該当すれば、ダフ屋行為とみなされ、法規制の対象となります。

①　転売目的でチケットを公衆に対し発売する場所で購入する。
②　公衆の場でチケットを他人に転売する。

　ダフ屋行為は、都道府県の迷惑防止条例、物価統制令、特定商取引法、独占禁止法（特に規模が大きいとき）などにより規制されています。

　インターネット・オークションは、「公衆の場」に該当しませんので、通常、ダフ屋行為とはみなされませんが、多数出品したり、継続的に業として仕入価格より高額で出品したりすると、ダフ屋行為とみなされる場合があります。

第3部　IT社会の落とし子たち

## ③ 暗号はインターネット社会を支える重要なインフラ

　暗号とは、「通信内容を第三者に知られないように文章を符号化し安全かつ効率よく送る特殊な方法」とされています。普通の〔平文（ひらぶん）〕通信文は、盗まれたり、盗聴されたり、不正アクセスされたりして第三者の手に渡ると、中身を簡単に読まれてしまいます。暗号はこの危険を防ぐ手段です。軍隊、金融機関、クレジットカード会社、ATMなどで広く利用されています。

　日本人は、総じて暗号への関心が薄いと言われています。太平洋戦争の末期、連合艦隊司令長官・山本五十六大将の搭乗機がブーゲンビル島上空で撃墜されたのも、日本側の暗号が米国側で解読されていたためといわれています。クレジットカードの磁気テープに埋め込まれたカード情報やATM回線の中を流れるデータも、初めの頃はすべて平文でした。海外の犯罪者集団が、セキュリティ対策が丸裸の日本のクレジットカード業界に競って乗り込んできたのもこの暗号力の弱さが原因でした。

### ●暗号の誕生
　暗号は古い歴史を持っています。紀元前9世紀のスパルタで誕生、14世紀にイタリアで本格的な学術研究が始まり、英国で実用の基礎が築かれ、20世紀の2回にわたる世界大戦における軍事的要請が暗号の発達に大きく寄与しました。

### ●暗号に関する用語とは
　暗号には理解困難な言葉がいろいろと出てきます。まず難しい用語を解説

します。
① 平文（ひらぶん）　私どもが日常生活で普通に書く文章です。
② アルゴリズム　平文を暗号化する手順です。
③ 鍵　暗号化、復号（暗号文を平文に戻す）を行うときに必要な情報です。
④ 鍵供託システム　鍵を預ける信頼できる公的機関です。捜査機関は裁判所の許可を得て、この機関から鍵を見せてもらうことができます。
⑤ 秘密鍵または共通鍵　平文を暗号化または暗号文を復号するときに、送受信者とも同じ鍵を使用する方式です。受信者が多数いる場合は、鍵の数を多くする必要があります。
⑥ 公開鍵　暗号発信者は、まず暗号化用の鍵と解読用の鍵の2つを用意し、暗号化用の鍵は発信者が自ら保管し、解読用の鍵は第三者に預けて公開する方式です。暗号の世界では、2つの鍵は送受信者間で秘密保持されるのが当然のこととされていましたが、この公開鍵方式は従来の考え方を逆転させた画期的な方式といわれています。
⑦ 電子署名　暗号発信者が本人であることを電子的に証明する方法です。送信者は、自分が保管する鍵で自分の名前を暗号化します。受信者は送信者の公開鍵で解読します。解読できれば送信者が本人であることが証明されるわけです。
⑧ 認証局　預けた鍵が本物かどうかを証明する公正な第三者機関です。印鑑証明を発行する市役所と同じです。
⑨ ハッシュ関数　ある特定のデータから別の値（ダイジェスト）を作り出す手法です。この値は、処理単位が一定の長さに区切られているのでアクセスしやすく、次の3つの特徴を持っています。
・同じデータからは常に同じダイジェストが出てきます。
・データの内容が少しでも変わるとダイジェストも変わります。
・ダイジェストから元のデータを導き出すことは不可能です（不可逆性と言います）。

　　　　ハッシュ関数は、情報セキュリティ分野、特にデータベースの高速処理、電子署名、改ざん防止、認証などの分野において広く利用されています。

●暗号の技術と種類

　公開鍵暗号、共通鍵暗号、鍵の共有技術、乱数作成、ハッシュ関数、電子署名、楕円曲線暗号（楕円曲線で鍵の長さを短くする技術）などの技術が独立して、または組み合わされて利用されています。

　そして、暗号は3つの種類に大別されるといわれています。

① 　平文の通信文を暗号化するのではなく、通信文そのものを隠す方法です。データ隠蔽方式とか、steganography通信といわれています。通信文そのものを隠すための方法は、通信文を飲み込んでしまう、頭の髪の毛を剃りあげて頭皮に通信文を書き込みこれを伸びてきた毛髪で隠す、ベルトの内側に通信文を書き込む、見えない特殊インクで文字を書く、新聞紙の文字に印を付けて通信文を作る、などの方法があります。いずれも原始的なやり方です。

② 　通信文の文字や字句を、事前に決めておいた対応表を使って暗号化する方法です。これをcode暗号と言います。「AAはBBの意味」あるいは「XXXと書けばYYYを意味する」と決めておく方法と、さらに高度化すると、コードブックと呼ばれる辞書を作っておいて、この辞書を使ってすべての単語を置き換える方法です。対応表やコードブックが盗み取られればすべての暗号は解読されてしまいます。スパイがコードブックを盗み出す映画のシーンを思い出してください。

③ 　通信文の文字をアルゴリズムに従って別の文字に変えてしまう方法です。これをcipher通信と言います。第2次世界大戦を機に急速に広がりました。アルゴリズムの作り方には代表的なものとして次の5つの方法があります。

　　・ceasar暗号（シーザー暗号）　　アルファベットをいくつかずらす簡単な換字方法です。

- vigenere暗号（ヴィジュネル暗号）　26×26のマトリックスを使う多換字方法です。
- scytale暗号（スキュタレー暗号）　巻き軸に帯を巻きつけ縦方向に文字を書いた後で、帯を解く方法です。スパルタで使用されました。相手は、同じ太さの軸にこの帯を巻きつけて解読できます。
- symmetric key cryptography（共通鍵暗号）　暗号化と復号の鍵が同一であり、一方を秘匿する伝統的な方法です。
- public key cryptography（公開鍵暗号）　暗号化と復号の鍵を別々にして、一方の鍵を公開する方法です。

●**暗号解読の方法とは**

暗号文を解読するやり方はいろいろありますが、主な方法は次のとおりです。

① 暗号文単独解読　暗号文のみから平文を読み取る方法です。
② 既知平文解読　すでに解読されている平文に対応する暗号文から平文を求める方式です。
③ 選択平文解読　任意の平文に対応する暗号を参考にして、その暗号文から平文を求める方式です。
④ 選択暗号文解読　任意の暗号文に対応する平文を参考にして、その暗号文から平文を求める方式です。

●**解読不能とされている暗号とは**

世界中の学者、軍隊や行政の専門家が頑張りましたが、どうしても解読不能と言われている暗号が次のとおり10例ほどあります。あなたも挑戦してみてください。

① エニグマ暗号　第1次世界大戦においてドイツ軍が使用した暗号です。当時、キーボード付き暗号機本体を奪って調べる以外解読不能といわれていました。
② ファイストスの円盤　1908年、クレタ島南部のファイストス宮殿で発見された直径16cmの渦巻状の粘土製円盤の文字です。

③　線文字暗号　　紀元前18世紀から15世紀ごろまでクレタ島で使用された文字です。

④　クリプトス　　左半分の900字に英文の暗号文、右半分の900字はヴィジュネル表が書かれた彫刻品です。現在CIAの玄関口に飾られています。

⑤　古代中国の金塊暗号　　1933年、中国上海の「ワン将軍」が作った金塊上に記された絵や中国語、ラテン語の文字です。米国の銀行預金の預り証ではないかといわれています。

⑥　Beale暗号　　Thomas Jefferson Bealeが1820年頃に隠し埋めた財宝の場所を示したとされる暗号です。

⑦　ヴォイニッチ手稿　　1470年頃出版された、未知の言語で書かれた文書とさまざまな挿絵から構成された232頁の書物です。あまりにも難解なのでデタラメとの説も出ています。

⑧　Dorabelle Cipher　　パズルや暗号の愛好家でもあった英国の作曲家エドワード・エルガー（1857～1934年）が残した暗号文です。

⑨　Chaocipher　　1918年、Jphn F. Byrneが発明した暗号です。非常に解読が困難なので40年間売り込みに努力をしたのにもかかわらず、米国政府は興味を示さなかった、と伝えられています。

⑩　D'Agapeyeff cipher　　1939年、英国の地図製作者Alexander D'Agapeyeffが発明した暗号です。後日、彼は「どうやって暗号化したか忘れてしまった」と洩らしたそうです。

●現在よく使われている暗号

いろいろな暗号が使われていますが主なものをアルファベット順に並べておきます

①　AES（Advanced Encription Standard）　　米国政府が使っている次世代標準暗号方式です。1977年、政府はそれまで使っていたDESという暗号がITの進歩により解読されるおそれが出てきたため、一定の条件を示しこれをAESと名付け、新暗号方式を公募しました。15の提案がありその中から選ばれたベルギーの暗号学者の暗号です。

② DES（Data Encryption Standard）　アルゴリズム公開型共通鍵暗号方式と呼ばれています。米国商務省が公募し採用された暗号方式です。米国の銀行や国際ブランドカード会社、世界各国の金融機関が利用しています。秘匿機能と本人確認機能の両者をもっています。

③ FEAL（Fast Data Encipherment Algorithm）　NTTが開発した共通鍵暗号方式です。携帯電話やマルチメディアの秘密通信に利用されています。認証機能も併せ持っています。

④ KES（Key Escrow System）　鍵供託システムの一種です。1993年、米国クリントン政権が犯罪捜査当局に認めた暗号通信解読システムです。テロ、麻薬売買、密輸等の重大犯罪に利用されます。

⑤ PGP（Pretty Good Privacy）　共通鍵暗号方式と公開鍵暗号方式を併用した、高速・安全な暗号化通信のための世界標準のメール暗号化ソフトです。電子署名に応用されています。

⑥ RSA　Rivest、Shamir、Adlemanという3人の学者名の頭文字です。代表的な公開鍵暗号アルゴリズム暗号です。1977年に開発されました。素因数分解を利用した暗号です。クレジットカード会社のオーソリに利用されています。

⑦ SECE（Secure Electronic Commerce Environment）　1996年に実現しました。日本のクレジットカード業界の要望を取り入れてNEC、富士通、日立製作所の3社が国際ブランドカード会社に働きかけ、SETを基礎とし日本のボーナス払いやリボ払いという商習慣を織り込んだ暗号です。

⑧ SET（Secure Electronic Transactions）　1996年、国際ブランドカード会社、マイクロソフト社、ネットスケープコミュニケーションズコーポレーション、ベルサイン社、GTEが共同して開発した暗号方式です。考え方はRSAと同じといわれています。

⑨ SSL（Secure Socket Layer）　1994年、ネットスケープコミュニケーションズコーポレーションが開発した、公開鍵暗号、秘密鍵暗号、ハッシュ関数などの技術を組み合わせた暗号方式です。強いセキュリティ機

能をもちデータ盗聴、なりすましを防ぐうえで効力があるといわれています。

⑩ TSL（Transport Secure Layer）　インターネット上で流れる秘密情報、カード情報、企業秘密などを暗号化する暗号方式です。SSLと同じレベルの強いセキュリティ機能を備えています。

---

**【忘れがたき思い出⑭】PINにかかわる話**

　第1部第17項の「クレジットカードの落とし穴」でPIN＝暗証番号の話をしました。原稿を書きながらPINについて2つのことを思い出しました。
　〔その1〕　PINはなぜ4桁か？　理論的、法律的根拠は見つかりません。現に、ほとんどのアジア諸国は6桁、イタリアは5桁のPINを採用しています。
　① コンピュータの都合がよいから
　② お年寄りでも覚えやすいから
　③ 桁数が多いと本人が忘れてしまうから
　④ シンプルで覚えやすいから
などの説があげられていますが、どれもドンピシャリの答えではないようです。
　1967年、ATMが初めて英国で登場しました。ATMの発明者は、本人確認手段として6桁の数字の組み合わせを考えていましたが、「4桁のほうが覚えやすい」という妻の一言で、4桁を採用したという逸話が残っています。「本当かなー？」。
　〔その2〕　PINを直訳すると「個人識別番号」となります。これがなぜ「暗証番号」と呼ばれるようになったのか。「暗証」の語源は仏教用語「暗証禅士」に由来しているそうです。暗証の意味については仏教界でいろいろと議論が重ねられ、「どっちもどっち」という訳のわからない解釈まで出てきたそうですが、喧々諤々のすえ、結局「ある人が本人であることを暗に証明すること」という意味に落ち着いたそうです。暗証番号という言葉を考えた人は、偉いお坊さんだったのかもしれません。

## 4 ビットコインはIT社会が生んだモンスターか

　第2部第6項でちょっと触れましたが、ここで「ビットコイン」(BITCOIN＝BTC)について調べたところを整理しておきます。率直に言ってBTCの正体ははっきりしません。しかし実在しています。実際に食事をし代金をBTCで支払うことができるレストランも存在します。BTCを取り扱う店が倒産したり、BTCで大損をしたと称して訴訟を起こしたり、米国のFRBが取締りに乗り出したり、BTCをめぐっていろいろな事実が報道されています。主要国家の規制はバラバラです。いつこの世の中に生まれてきたのかもはっきりしていません。謎に包まれているネット上の現象です。

### ●BTCとは何か

正体がはっきりしませんが、供給量には限度が定められているようです。BTCについては、法制上の定義あるいは金融当局の公式見解はありません。メディアや学会などで囁かれてる定義らしきものを拾い出し並べると次のとおりとなります。

① 　ネット上の仮想通貨
② 　ネット上の無形通貨
③ 　世界共通の仮想通貨
④ 　国や権力に縛られない通貨
⑤ 　ギークが育てた無国籍電子マネー
⑥ 　擬似通貨

## ●BTC誕生の背景と入手方法

　氏も素性も運営会社がどこかもわかりません。2008年頃、中本哲史と名乗る人物が発表した論文「Bitcoin：Ｐ２Ｐ電子マネーシステム」に基づき、世界中のハッカーやネットオタクが共同してBTCネットワークを構築し、その報酬として受け取ったものがBTCの始まり、という説があります。2009年頃からネット上の運用が始まり、メディアが注目し始めました。中本哲史氏なる人物が米国に住んでいることが発見されましたが、本人は否定しているそうです（朝日新聞2014年３月21日）。

　BTCの入手方法としては、次の方法が考えられます。
① 　BTC取引所やBTC支払いを認めている店で現金を払って入手
② 　商品やサービスを提供して対価として入手
③ 　BTC保有者から現金を払って入手
④ 　ネット上、新規にブロックを生成して入手
⑤ 　ネット上mining（注）の褒美として入手
　　（注）　新たなBTCを得るために、膨大な計算を行って回答を求める作業のことです。

## ●BTCをめぐ最新の動向をみる

〔BTC取引所Mt.Goxの倒産〕

　BTC取引所は世界中で50社前後あると伝えられていますが、このうち一番大きい取引所が東京にあるMt.Goxでした（倒産したので過去形にします）。同社は、2013年８月の時点でBTC総取引量の約６割のシェアを占めていたそうです。2014年２月、システムダウンと不正ウイルスのためBTCが流出した結果と称し、同社は東京地裁に民事再生法の適用を申請し、経営破綻が認められました。12万人前後の債権者（うち、日本人は１％未満。朝日新聞2014年３月１日）が店に押しかけ一部の人が座り込みを始める騒ぎとなりました。同社の損失額は、BTCが約85万枚（時価約65億円）、現金約28億円と伝えられました。

〔BTCと電子マネーとの違い〕

　通常の電子マネーは、法に従った運営会社が背後に控えています。一方、

BTCは同じ電子マネーですが、発行会社不明、運営会社なし、承認方法なし、単にネット上でハッカーたちが共同してBTCの価値を支えている代物です。

〔BTCで買い物ができる店はあるか〕

　関東や関西で使えるお店がしだいに出てきました。
・六本木のピンクカウ（レストラン）
・赤坂のシンクイメージ（ウエブコンサルタント）
・青山のCARPE DIEM（ブラジリアン柔術の道場）
・神戸市のワーフルハウス（洋菓子店）
・神戸市のチキンハート（から揚げ専門店）
・千葉市のEEEL（ヘアサロン）、など

〔BTCの対ドル相場〕

　日々大きく変動しており、格好の投機対象となっている模様です（朝日新聞2014年2月～3月頃）。

・2013年初め　　　1 BTC＝13ドル
　11月末　　　　　1,000ドル
　12月末　　　　　800ドル
・2014年2月末　　 500ドル
　10月　　　　　　329.46ドル
　11月　　　　　　290.68ドル
　12月16日　　　　329.46ドル

〔送金手数料〕

　次に示すようにBTCの送金手数料（2014年12月15日、YAHOO検索）は極めて低く抑えられています。

|  | 国内 | 海外 |
| --- | --- | --- |
| ゆうちょ銀行 | 210円以上 | 2,500円以上 |
| 三菱東京UFJ銀行 | 105円以上 | 2,000円以上 |
| 楽天銀行 | 160円以上 | 1,750円以上 |
| ジャパンネット銀行 | 157円以上 | 取扱いなし |

| シティバンク | 160円以上 | 2,000円以上 |
| --- | --- | --- |
| BTC | 5～10円程度 | 同左 |
|  | (送金額の0～3.5%という記事もあります) | |

〔類似通貨の出現〕

　2014年に入り、enLitecoin、Alphacoin、FastCoin、Monacoin、余額宝（ユイオーパオ）など、BTCと似たコインが登場してきました。

〔BTCのセキュリティ対策〕

　投機対象、賭博の掛金への利用、不正送金、マネーロンダリング、BTCをめぐる詐欺行為、不正アクセスによる盗難、データ改竄などに悪用される可能性があると言われています。これまでのところ、既存のセキュリティ業者でBTCのセキュリティを護る仕事に手を挙げている業者を私は見つけることができません。BTCの防衛は、以下の仕組みで明らかなごとく、BTC参加者によって集団管理されています。

・BTCの移動は、電子署名され、データは暗号化されています。
・全取引リストに所有者履歴が記載されています。
・取引履歴が連続して記録されたブロックに繋がっています。
・世界中に分散する多数の利用者が共同して取引の正当性を見張っています。
・BTCは高度な数学理論に基づく複雑な計算をハッカーたちが協力して行っていますので、犯罪者はこの高度な知識・技術をさらに上回ることができなければ、BTCを悪用できません。

●主要国の対応と将来像を考える

〔最近の動向〕

　これまで主要国のBTCに対する対応はバラバラでしたが、政府間組織「金融活動作業部会＝FATF」がようやく2015年6月26日、テロ組織への資金流入を規制する「指針」をまとめて発表しました。

　指針の内容は次のとおりです。

・日米欧中など36の国や地域が今後仮想通貨を規制する法制度をつくる。
・仮想通貨取引所につき登録制か免許制を導入する。

・取引所に対し、口座開設時に本人確認や取引記録の保存を義務づける。

〔BTCの将来性〕

　BTCはこれまで各国で逆風に曝されてきましたが、根強く持ちこたえ生き延びてきているようです。2014年12月11日、米国マイクロソフト社はゲームや音楽の配信サービスの支払いにBTCを利用することを認めると発表しました。この発表は、前述したNY金融監督局のBTC規制開始の発表と併せて、当局や大手業者がBTCの存在を認めたものと受け取られ、BTCの利用が拡大方向に向かっているようです。

　早稲田大学の岩村教授（日銀出身）は、大要次のような見解を述べておられます。

　「日銀券を電子化すれば、銀行を通さずに給料を受け取ることができる。資源の無駄使いをしなくてすむ。お金のあり方を考える上でBTCの将来性は示唆に富んでいる。Mt.Goxの倒産事件は、あくまで一企業の危機管理の問題であり、BTCそのものがインチキであるか否かの議論とは別の話である。」

第3部　IT社会の落とし子たち

## 5 本格的普及にはまだ時間がかかる電子マネー

　第2部第6項の「IT社会の進展は銀行離れを加速するか」で触れた電子マネーについて、少し詳しく見てみましょう。最近、電子マネーが急速に普及しきて、とてもその全容を掴むことはできません。代表的な電子マネーを10ほどピックアップして、いろいろな角度から眺めてみました。ピストルや機関銃の話まで持ち出しました。理解していただく一助になれば、との一心です。

### ●電子マネーとは何か

（1）　電子マネーの定義

電子マネーは、次のとおりいろいろな角度から定義されています。

① 　現金や小切手、クレジットカードなどの決済手段がこれまで果たしてきた役割を電子的に代替するデバイス

② 　情報通信技術を活用した、企業により提供される電子決済サービス

③ 　これまで実社会において、貨幣によってやり取りされているところを電子的なデータ通信によって決済する手法

④ 　ネット通販での仮装マネー的な決済サービス

（2）　電子マネーの決済方式

電子マネーによる決済方法は以下の3つです。

① 　オンライン方式　　金融機関、クレジットカード会社、電子マネーのサービス運営会社のホストコンピュータと、小売店等の決済用端末を接続して決済を行う方式

② オフライン方式　　金銭価値を電子化して磁気カードやICカードに収納し、小売店等の決済端末によりオフライン決済を行う方式
③ 仮装通貨方式　　コンピュータネットワーク間の取引に限り仮装クーポンを利用して決済する方式

●前払いと後払いとは

電子マネーの仕組みには、先払いと後払いという2つの支払方法があります。先払いとは、先に現金を払い込んでその価値を電子的に電子マネーカードとして格納しておき、必要に応じてその価値を読取り機を通じて（現金化して）支払う方法です。これを先払方式と言います。6連発の回転式拳銃と同じです。先に弾を込めておくわけです。

後払いは、クレジットカード利用の場合と同様、支払代金が後日請求され、あなたの銀行口座から自動引落しで支払われる方式です。連発銃の弾倉と同じです。

この2つの支払方式に加えて、オートチャージによる自動入金方式も併用されています。つまり機関銃です。典型的な例として、PASMOとJRの駅の改札口を思い浮かべてください。通過するたびに、PASMOに格納されている通貨価値が乗車料金に応じて引き落とされていきます。JRの改札口では残高が少なくなって乗車料金が支払えなくなると自動的に通貨価値が補充されます。その補充代金はクレジットカードの利用代金と同じ要領で、後日請求されて自動引落しされます。

●集積回路（Integrated Circuit）とは

特定の複雑な機能を果たすために、トランジスタ、ダイオード、抵抗、コンデサーなどの電気部品を、シリコンやカリュウム砒素でできている半導体チップの上にまとめ、金属の薄い膜で配線して作った電子回路を集積回路といいます。ICチップというのはその総称です。1つの半導体チップの上に1,000個以上の電子部品が集積されています。

1960年代初め、テキサスインスツルメント社のジャック・キルビーと、フェアチャイルド社のロバート・ノイスとの間で特許権をめぐる争いがありま

したが、ノイスの勝ちとなったそうです。

## ●電子マネーの誕生とその特性

〔誕生の歴史〕

　国際的には1995年7月、英国のNational Wsestminster Bank、Midland Bank、British Telecom社が共同で設立したMondex社が開発した電子マネー「モンデックス」が始まりと言われています。オランダのデジキャッシュ社、米国のサイバーキャッシュ社がMondex社に続きました。日本では（いくつかの説がありますが1つだけ紹介します）、2001年11月、ソニーの子会社ビットワレット社が、Felicaを搭載した電子マネー「Edy」のサービスを開始しました。これが日本における電子マネーの始まりです。その後，JR東日本がSuicaを、また、2007年に入るとPASMO、nanaco、WAONなどの電子マネーが次々と市場に参入してきました。

〔電子マネーの特性〕

　5つの特性を持つと言われています。

① 小銭が不要となります。

② 誰でも持つことができます（年齢や所得制限なし）。

③ 匿名性があります。

④ 所有者の信用照会が不要です。

⑤ 他の機能と容易に組み合わせることができます。

〔日本の代表的な電子マネーと名前の由来〕

| 名称 | サービス開始日 | 支払方法 | 運営会社 |
| --- | --- | --- | --- |
| ① エディ　Edy<br>（Euro、Doller、Yenの頭文字） | 01年11月 | 前払い | ビットワレット |
| ② イコカ　ICOCA<br>（IC Operating Cardの略語、関西弁の「行こか」に掛けた親しみやすい名） | 03年11月 | 前払い | JR西日本 |
| ③ スイカ　Suica<br>（Super Urban Inteligent Cardの頭文字、「スイスイ行けるICカード」） | 04年3月 | 前払い | JR東日本 |

**5** 本格的普及にはまだ時間がかかる電子マネー

| | | | |
|---|---|---|---|
| ④ ピタパ　PiTaPa<br>　（Postpay IC for Touch & Pay　ピタッと<br>　タッチしてスルット改札口を通る） | 04年8月 | 前払い | スルット関西協議会 |
| ⑤ クイックペイ　QUICPay<br>　（レジの支払いが速やか） | 05年4月 | 後払い | JCB |
| ⑥ スマートプラス　SmartPlus<br>　（技術仕様の名前） | 05年8月 | 後払い | 三菱UFJニコス |
| ⑦ アイディ　iD<br>　（身分証明identityの最初の2文字、早くて便利なIC支払） | 05年12月 | 後払い | NTTドコモ |
| ⑧ パスモ　PASMO<br>　（PASSNET（パスネット協議会）のpassと「もっと」のmoreの組み合わせ。電車も、バスも、あれも、これも、利用できる） | 07年3月 | 前払い | パスモ |
| ⑨ ナナコ　nanaco<br>　（セブン＆アイ　ホールディングスの「セブン＝ナナ」とコインの「コ」の組み合わせ） | 07年4月 | 前払い | IYカードサービス |
| ⑩ ワオン　WAON<br>　（いろいろな音が調和して奏でられる妙なる響き、和音） | 07年4月 | 前払い | イオン |

### ●電子マネーの入金方法

最初に手に入れるときは、一定額を現金で前払いします。

① Edy　　店員に声を掛けて入金を依頼します。またはEdyチャージ機を利用できます。

② ICOCA　　乗り越し精算機、緑の窓口の入金機を利用できます。

③ Suica　　駅の自動券売機、乗り越し精算機を利用できます。

④ PiTaPa　　駅の券売機で現金でチャージ、またはオートチャージ機能も利用できます。

⑤ QuicPay　　事前の入金は不要です。対応するクレジットカードが必要となります。代金はクレジットカード利用代金と合算して後払いになります。

⑥ SmartPlus　　同上

⑦ iD　　同上

⑧　PASMO　　駅の自動券売機を利用、改札機でオートチャージ（事前登録）できます。

⑨　nanaco　　店内のレジ、セブン銀行ATM、nanacoクレジットでオートチャージ（事前登録）できます。

⑩　WAON　　店内のレジ、WAONチャージ機、イオン銀行ATMでオートチャージ（事前登録）できます。

●電子マネーを規制する法律とは

現在、プリペイド型の電子マネーは、資金決済法により規制されています。電子マネーは預金ではありませんので、預金保険法の適用はありません。電子マネーを間接的に規制する法律は、出資法、銀行法、外為法などがあります。電子マネーを規制しようとする当局の動きは次のとおりですが、いずれもこれまでのところはっきりした結果を出していません。

①　1996年〜1998年　旧大蔵省「電子マネー及び電子決済に関する懇談会」

②　1997年　日本銀行「電子決済技術と金融政策運営との関連を考えるフォーラム」

③　1994年〜2002年　首相官邸「高度情報通信社会推進本部」、「総合規制改革会議」の電子マネーに関する提案

④　2001年　金融庁の金融審議会金融分科会「情報技術革新と金融制度に関するワーキンググループ」と「決済に関する研究会」

●電子マネーの市場規模

時系列に沿った電子マネーの統計は見つかりません。ネットで検索して時々出てくる統計は断片的なもので統計とは言い難いのですが、それでも電子マネーの成長ぶりを示す電子マネーの伸びを推定することは可能でしょう。

・2005年度（ネット検索）　　総計3兆4,202億円（うち、交通系2兆1,307億円）

・2013年　　決済サービス市場・73兆5,314億円（うち、クレジットカード57兆7,000億円、電子マネー4兆910億円）

2013年の数字は、富士キメラ総研が2014年10月8日に発表した「電子マネー関連ビジネス市場調査要覧」の計数です。

● 電子マネーをめぐる犯罪

警察庁の平成26年版「情報セキュリティ調査研究報告書」によりますと、電子マネーに絡む犯罪は次のとおりです。

① 漏えい・盗聴
② 改ざん　　データを改ざんして恐喝に悪用する。
③ なりすまし　　他人のクレジットカード番号の不正利用によるなりすまし。
④ 事後承認　　送信元の痕跡を残さずにデータを改ざんできることを悪用し、送受信者が後になってその事実を否定したり、内容が改ざんされていると主張する。
⑤ 暗号の不正利用　　不正行為情報を暗号化して流すと当局の追跡は困難となります。
⑥ 電子マネーそのものの窃盗・強奪、など

● 電子マネーの将来性

政府当局、日本銀行、学者、シンクタンクの見解がいろいろ発表されていますが、共通点をまとめると次のとおりとなります。

・現在はまだ小規模にとどまっている。
・いずれ経済の仕組みに影響を与えることとなろう。
・今後の動きを注意深く見守りたい。
・電子マネーは、読取り機などのインフラ設備が整ってくると、決済金額が大きい企業間取引にも利用され、現在の決済の仕組みにかなりの影響を与えることとなろう。
・電子マネーの本格的普及にはまだ相当の期間が必要である。

なお、2015年3月12日、JCBはコイン型の電子マネー「QUICPayコイン」（後払い）を3月20日に発行すると発表しました。ウェアラブル電子マネーの第1号です。今後の動きが注目されます。

## 6 「おサイフケータイ」はなぜガラパゴス化したのか

　牛若丸と弁慶、そして武蔵坊弁慶の7つ道具、皆さんご存知ですね。この7つ道具、弁慶が登場する舞台ごとに少しずつ異なります。代表的なものをあげると、鉄熊手、薙刀(なぎなた)、櫟(いち)の固い木に鉄伏せした鉄棒、木槌、大鋸(のこぎり)、まさかり、刺又(さすまた)の7つです。よくこんな嵩張(かさば)った重いものを持って歩けたなと思います。さらにもう1つの例、鎧兜に身を固めた戦国武士のもつ武器を調べてみました。槍、弓矢、大刀、脇差、短刀、鎧通し、小柄など、7つあります。

　おサイフケータイとおよそ関係ないとお考えでしょうが、おサイフケータイを調べていて私はちょっと思いつくことがありました。おサイフケータイって、弁慶の7つ道具や戦国武士の7つの武器と「どこか似ているなー」と感じたわけです。私の感じ方が間違っているかもしれませんが、この項を読んでいただければ、何となくなるほどと思われるはずです。

### ●おサイフケータイとは何か

　おサイフケータイとは携帯電話に非接触ICのFelicaを取り込み、その携帯電話を専用端末（読取り、書き込み端末、以下R/Wと略します）に「かざす」だけで、いろいろなサービスを提供するIC搭載携帯電話のことです。言い換えれば、おサイフケータイは、非接触ICカードに埋めこんだいろいろな機能を利用できるようにした携帯電話とも言えます。端末容器（鎧兜）にしっかりと身を固めた携帯電話（戦国武士）がいろいろな武器（サービス）を振りかざ

す点を見て、私は「どこか似ている」と感じたわけです。おサイフケータイは、R/Wにかざすだけで、R/Wから発信される電波を受けて、体内のICを駆動させ、さまざまな処理を行い無線で情報を伝達します。

「おサイフケータイ」は、NTTドコモの登録商標です。NTTドコモは、おサイフケータイ機能の普及を優先させるため囲い込みを行わず、他社にも商標権をライセンスしています。

### ●Fericaの仕組み

非接触IC（注）の仕様にはFelicaという規格と、国際標準規格として認められたISO/IEC14443のtypeAとtypeBという２つの規格があります。Felicaは国際標準規格ではありません。ソニーが1988年に開発しました。ソニーはこの商品の名前を、英語の「至福」を意味するfelicityとCardとを組み合わせてFelicaと名付け登録商標としました。ICチップFelicaは、非接触型ICカードのための通信技術として開発されました。

接触型と非接触型との違いは下記の注のとおりです。非接触型ICカードは、R/W端末から電磁誘導によりICカードに電力を供給して「キャリアの変調」によりR/Wとカードの間で通信を行う仕組みです。無線による通信では、音声などの情報を何らかの方法で電波に乗せてやらなければなりません。この「何らかの方法」を専門用語で「キャリアの変調」と言います。難しい話はこれで止めます。Felicaはとにかく無線で情報を送受信する仕組みです。Felicaは、ICカードや携帯電話、腕時計などに搭載されて活用されています。

　（注）　ソケットと電球、プラグとコンセント、充電器と携帯電話など、金属接点やコネクターを介して電気を流すやり方を接触方式といい、これに対し、コードレス電話、電気シェーバー、電気歯ブラシなど、金属接点やコネクターの世話にならずに無線で電流を流す方式を非接触方式といいます。

### ●おサイフケータイの特徴

通常、おサイフケータイの特徴としては次の３点があげられます。
①　いつでも、どこでも、誰でも持ち運びが可能

② かざすだけで作動し、操作が簡単
③ 携帯電話のソフトウエア（注）を利用したさまざまなサービスを提供
　　（注）このソフトウエアには、次の2つの機能が組み込まれています。
　　　　・インターネット通信機能
　　　　・利用者がコンピュータ上で自分がやりたいことを自作することができる機能
　　　　　なお、この「携帯電話のソフトウエア」に対比して、システムソフトウエアがあります。これは、コンピュータの稼動に必要な固定されたソフトウエアのことです。

### ●フェリカネットワークス社の誕生と目的

2004年、NTTドコモがサービスを開始しました。その後、KDDIやソフトバンク（当時はVodafone）が追随しました。フェリカネットワークス社によると、2013年末現在で、累計出荷台数は2億3600万台を記録しました。

フェリカネットワークス社は、2004年1月、ソニー、NTTドコモ、JR東日本3社の合弁会社として設立されました。設立目的は次の3つです。

① おサイフケータイが提供するいろいろなサービスの領域管理
　　Felicaの記憶容量は有限です。特定のアプリケーションが勝手に増えてメモリーを占有してしまうことがないよう、サービス事業者と常に協議します。これが同社の最も大切な仕事です。
② システムのASP提供　　おサイフケータイのFelicaチップが円滑に作動するよう手助けをする仕事です。
③ Felicaの鍵管理　　Felicaへのアクセスには特別な鍵が必要です。同社は個々のサービス提供業者に代わってこの鍵を一括管理しています。要するに、おサイフケータイを作るのはNTTドコモとソニーの仕事、そしてその後、市場に出回ったこの商品をケアするのが、フェリカネットワークス社の仕事です。同社は、このような仕事をして収入を得ています。

### ●おサイフケータイが提供するサービスとは

以下に示すように、いろいろなサービスがあります。

- 決済　　前払いと後払い、2つの機能があります。前払いは、Edy、Suica、nanaco、WAONなど、後払いはiD、QUICPay、Smartplus、VISA TOUCH、Paypass、PiTaPaなどが代表的なものです。取引や残高、利用履歴を確認する機能もあります。残高は携帯電話の通信網を通して補充することができます。なお、PaypassのみがTypeAとTypeBの規格を採用しています。他はすべてFelicaを用いています。
- 交通　　Suica、PASMOなどが代表的なものです。グリーン券や特急券の購入、マイレージ残高確認、空港のセキュリティゲートや搭場口での利用もOKです。
- 本人確認　　公的なものとしては、住民基本台帳、運転免許証、パスポートなど、民間用としては、社員証、学生証、会員証、入退室管理、パソコンやプリンターの起動制御などに使えます。
- セキュリティ　　ビルの入退室管理、ホテルのルームキー、住宅の鍵などに使われています。
- 電子ポスター　　キオスクなどに置かれたR/Wにかざすだけで、最新の広告情報が読めます。
- 電子クーポン　　従来は、クーポン券は紙が主流で手間がかかりました。おサイフケータイはR/Wにかざすだけでクーポン券として使えます。

● おサイフケータイがガラパゴス化した理由

　ガラパゴス化という言葉については、前述（第1部第19項）した「内側から見たクレジットカード業界の七不思議」で説明しました。

　このように便利なおサイフケータイがなぜ世界で普及しないのでしょうか。いろいろな説があります。特に、野村総合研究所電子決済プロジェクトチーム『電子決済ビジネス』（コラム③、215頁）は示唆に富む内容を示しています。私は（生意気な私見をお許しください）、この問題の根底には、日本の文化、島国日本の国民性が絡んでいるのではないかと考えています。一般的に言って、日本の企業は海外進出が苦手です。言葉の問題とシャイな性格、現地人との付き合い下手、現地の環境になかなか溶け込めない、現地の使用人にまず日

本文化や仕事の進め方を教え込み、その後やっと仕事にかかる、などの国民性があります。この国民性に加えて、コストの問題があります。日本の優秀な技術者は、1つの機器に何でも詰め込む「万能機器」を好む日本人のニーズに気を使いすぎ、精緻すぎる規格を考え出し、外国人が驚くような商品を作り上げます。

しかし、この商品は精緻・複雑過ぎて「simpler the better」という世界の人々の好みに合いません。しかも、その根底をなす規格FelicaがISO/IEC世界標準機構に認定されていません。なぜ認定されなかったのか。あまり複雑なので重複を嫌う国際規格機構が取り上げなかった、あるいは、国内の問題に気をとられ過ぎ、申請が遅れたという説などがありますが、真偽のほどはわかりません。国内事情にとらわれて海外の動きに注意を払わなかった結果だといわれても仕方ないでしょう。しかし、このような国民性もこれからは若い世代に入り、しだいに薄れていくでしょう。

● おサイフケータイの今後

2004年、フェリカネットワークス社は、おサイフケータイに搭載するモバイルICチップを開発し、おサイフケータイ・サービスを開始しました。このサービスは、その後順調に拡大を続け、誕生10年で累計出荷台数は2億3,600万台に達しました（2013年末、ソニー調べ）。今後も、次の4つの問題が解決されれば、さらに伸びていくでしょう。

① R/W端末の共通化の問題　現時点では、おサイフケータイが提供するいろいろなサービスは、個別のサービスごとに合わせて作られたR/W端末によって実現されています。個々のサービスに対応する端末を備え付けるとすると、設置コストが嵩み、レジ回りのスペースが端末だらけとなり、加盟店が悲鳴を上げます。

② ユーザーの啓発・教育問題　おサイフケータイは便利なものですが、利用者自身がこの機器を「得体の知れないサービス」を提供する馴染みの薄い携帯電話と受け取っているようです。利用者が自分自身で望むアプリケーションを設定するのに戸惑っているようです。スマホの急展開

もライバルとなっているようです。
③　手数料問題　　フェリカネットワークス社がサービス提供会社から徴収する手数料が高すぎるという問題です。
④　セキュリティ問題　　Felicaには、暗号領域と非暗号領域とがあります。極秘のデータは暗号領域に格納されます。FelicaのIdm（製造番号）は簡単に偽装されるので、ここから非暗号領域に納められているデータを盗み見る、改ざんすることが比較的容易にできると伝えられています。セキュリティ強化の問題です。

【忘れがたき思い出⑮】チャージバックのこと

　チャージバックについては懐かしい思い出があります。「チャージバック制度」が初めて日本に導入されたとき、私は、VISAに勤務していました。厚さ3cmの大判のマニュアルを与えられ、それを解読し、メンバーの皆さんに説明する日々が続きました。当時、私は、「チャージバック制度」は弱肉強食の制度と感じていました。この思いは、私が日本信販に移籍して、チャージバック室の立ち上げのお手伝いをしたとき、立証されました。ヨチヨチ歩きのカード会社（日本）が、米国などのカード取扱銀行に対し、不審なカード取引としていくら文句を言っても、あっさり言い負かされました。知識と経験の格差について、今でも口惜しい思い出が残っています。

## 7 デビットカードはクレジットカードに肉迫できるか

　デビットカードは、キャッシュレス社会の実現に貢献する立役者と言われています。このカードは、クレジットカード（後払い）とプリペイドカード（前払い）の中間に位置し、購入と決済とを同時に行う（同時履行）カードです。欧米では小切手の代わりに使われ出した（当時はチェックカードと呼ばれていました）と伝えられていますが、現金払いが広く深く浸透している日本では、最近まであまり認知度は高くありませんでした。
　1998年春、郵政省と富士銀行（当時）が現在のデビットカードの構想をまとめ上げました。以来約20年の間に、デビットカードは着実に進歩を遂げてきました。本項では、その歩み、内容をまとめてみたいと思います。

●デビットカードとは何か
　預金口座と直結し即時に取引の決済ができるキャッシュカードのことです。預金残高の範囲以内で自由に使うことができる仕組みとなっていますので、利用限度額は預金残高です。ただし上限金額には若干の例外（当座貸越的なもの）もあります。日本では、VISA、MasterCard、JCBなどの国際ブランドカード会社や銀聯カードなどの大手カード会社のブランド名を冠したものが多く、日本デビットカード推進協議会に加盟した銀行のすべてのデビットカードが「J-Debit」と総称されています。

## ●デビットカードの誕生とその特徴

〔誕生の背景〕

　旧大蔵省が1984年5月に金融機関向けに発出した機械化通達がきっかけとなり、日本各地でデビットカードサービス（通称：銀行POS）の導入が図られました。これがデビットカードの誕生であると言えましょう。この通達は、利用者が事前に口座振替依頼書を取引先銀行に提出しなければならないなど、煩わしい手続を定めていましたので預金者にあまり歓迎されず、このサービスは当初は伸び悩んでいました。

　しかし1997年、この通達が廃止され、翌年、日本デビットカード推進協議会が設立されたのを機に、2000年3月にJ-Debitと言う名称の下に、本格的なデビットカードサービスが始まりました。現在は、すでに発行されているキャッシュカードの9割以上をカバーする約1600の金融機関のキャッシュカードがデビットカードとして利用され、全国の加盟店で設置されたデビットカード読取端末機も約33万台に達したと言われています。

〔その特徴〕

　以下のように、いくつかの特徴があると言われています。

① 銀行に自分名義の預金口座がありさえすれば、年齢の区別なく信用状態の審査もなく、誰でもこのカードを持つことが可能です。
② お金の使いすぎを抑えることが可能です。
③ カード使用時の手続が簡単（暗証番号を入力するのみ）です。
④ クレジットカードと比べると、利用者還元のメリットは余りありません（加盟店手数料等の還元資源が少ない）。

## ●日本デビットカード推進協議会の誕生とJ-Debit

〔その誕生〕

　日本デビットカード推進協議会は、当時の郵政省と富士銀行により1998年6月22日に設立され、翌1999年1月4日に8つの金融機関と8つの加盟店（百貨店など）によってスタートしました。2000年3月6日に同協議会の内部で資金決済を容易にするクリアリングセンターが動き出し、サービスは本格化

しました。

〔J-Debitとは〕

デビットカードは、当初は日本のあちこちの金融機関が利用し始め、名称もまちまちでしたが、1998年の日本デビットカード推進協議会の設立を機に、2000年3月から「J-Debit」というサービス名の下に統一されました。

●デビットカードの種類とメリット・デメリット

〔その種類〕

デビットカードには、オンライン・デビットカードとオフライン・デビットカードの2種類があります。

（1） オンライン・デビットカード

商品を購入しデビットカードを提示すると、店員は銀行POSにこのカードを挿入（スワイプ）します。そうすると、リアルタイムで利用者の銀行口座から買物代金が引き落とされ、お店の預金口座に振り替えられます（実際には、後述するように加盟店口座への入金日は翌々営業日です）。これがオンライン・デビットカードの仕組みです。

（2） オフライン・デビットカード

利用者の預金口座からの買物代金引落しは数日後、あるいはカードによっては1～3カ月後になります。即時の引落しでないため、クレジットカードの場合と同様、買物時点で預金口座に残高がなくても買物ができることとなります。この場合には、銀行が加盟店に対して利用者に代わって立替払いをし、利用者に与信することとなります。利用者から代金回収ができなくなることもありますが、その場合には、銀行側が損失を被ることとなります。

〔メリットとデメリット〕

　（1） メリット

① 審査なしで発行が可能（若年・高齢者層の区別がない）です。
② 現金の持ち歩きが不要、ATM現金引出手数料の節約ができます。
③ お金の管理（領収書を整理したり、家計簿をつける）が容易です。

　（2） デメリット

① ポイントの還元率がクレジットカードに比べて劣ります。
② 特定の銀行に囲い込まれます。
③ 年会費がかかります。

●デビットカード決済の当事者と取引決済の流れ

〔当事者〕

まず、デビットカードの当事者たちとその間における関係並びに情報伝達方法を頭に入れてから、次に示すデビットカード取引決済の流れを追ってください。

① A銀行　デビットカード機能付きキャッシュカードを預金者へ発行〔カード保持者名義の勘定を開設〕
② B銀行　デビットカード加盟店を世話する銀行〔加盟店名義の勘定を開設〕。A銀行とB銀行が同一の場合もあります。
③ 加盟店　デビットカード加盟店で、POSを設置しています。
④ クリアリングセンター　デビットカード取引から生じる売上伝票を整理し相殺・通知する機関です。
⑤ CAFIS　A銀行、B銀行、加盟店、クリアリングセンターを結ぶ通信回線です。
⑥ 利用者　デビットカードで買物をする消費者です。

第3部　IT社会の落とし子たち

〔取引決済の流れ〕

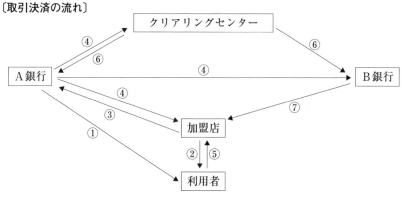

① A銀行、利用者（預金口座名義人）にキャッシュカード（デビットカード）を発行
② 利用者、加盟店で買物、デビットカードを提示
③ 加盟店、POS端末を通してAへ取引内容と通知、代金振替を依頼
④ A銀行、次の連絡を行う
　　・加盟店に対し、利用口座から取引代金を引き落とした旨通知
　　・B行に対し、取引内容、口座振替を通知
　　・クリアリングセンターに対し、取引内容、口座振替を通知
⑤ 加盟店、利用者に商品引き渡し
⑥ クリアリングセンター、A、B両行の債券債務を清算し、その結果を両行へ連絡
⑦ B銀行、加盟店名義口座に入金された旨通知
　　（加盟店POS、A、B銀行、クリアリングセンター間のデータはすべてCAFIS回戦を通じ、リアル・タイムで流れます）

●現在活躍している主なデビットカード

たくさんありますが、特に宣伝されているデビットカードを幾つかあげておきます。

① SURUGA Visaデビットカード
② 楽天銀行デビットカード
③ JNB Visaデビット
④ りそなVisaデビットカード
⑤ あおぞらキャッシュカード・プラス

⑥ 三菱東京UFJ-VISAデビット
⑦ イオンデビットカード
⑧ JCBデビットカード

●J-Debitに参加していない銀行等

信託銀行（三井住友信託銀行を除く）、第２地銀グループの一部の銀行、JAバンク、新たな形態の銀行（ジャパンネットバンクを除く）、職域信用組合等は参加していません。また、当時の東京三菱銀行は郵政省との関係を理由に日本デビットカード推進協議会に参加しませんでしたが、UFJ銀行との合併を機に、2008年からデビットカードを取り扱うようになりました。

●デビットカードの今後の見通し

少し古い数字ですが、2010年２月17日に発表された日系メッセのNew Payment Reportの実績値（2007年と2010年）と予測（2015年）を引用しておきます。

〔民間最終消費支出額に占めるカード決済額の割合〕

|  | 2007年 | 2010年 | 2015年 |
| --- | --- | --- | --- |
| クレジットカード | 9.84% | 10.40% | 11.28% |
| デビットカード | 0.28% | 0.31% | 1.30% |
| プリペイドカード | 1.37% | 1.94% | 4.3% |
| 現金など | 88.52% | 87.39% | 83.19% |

この表で明らかのとおり、デビットカードの市場占有率は低く、現在のところ現金選好の高い日本では、デビットカードは「あってなきがごとし」の有様です。しかし、デビットカードは、日本人の国民性にうまく合致していると考えられませんか。また、デビットカードは、割賦販売法の枠外にありますので、総量規制や金利規制の適用を受けていません。このように見ていくと、今後デビットカードが伸びるか否かは、次の２点にかかっていると言って過言ではないでしょう。

① デビットカードの認知度の向上
② インフラ整備の進捗（銀行POSの普及）

# 8 フィンテック（FINTECH）の登場でさらなる銀行離れが起きるか

　私は、数日前（2015年3月）、何気なくNHKのテレビニュースを見ていて無意識のうちに姿勢をただしました。「FINTECH」という言葉が耳をかすり、とっさに「銀行離れ」の文言が頭の隅をよぎりました。「これは何だ」、と慌ててメモを取り出しましたが、放送はすでに終わっていました。それから私の暗中模索が始まりました。
　以下は、やみくもに調べたことをまとめたものです。これだけのことが数年前からロンドンを中心に欧米諸国で進んでいるとは、私は迂闊にも知りませんでした。私の情報収集アンテナも時の流れとともに劣化し、アンテナの持主と同様に老化現象が進んでいるようです。

### ●FINTECHとは何か

　FINTECHとは英語のFinance（金融）とTechnology（技術）の2つの単語を掛け合わせた造語です。金融とITの両分野で活躍する「スタートアップ企業」を意味します。
　誕生については、はっきりしたことはわかりません。FINTECH関連の2007年以降の投資額の推移や投資額が、2009年の約9.3億ドルから2013年には約29.7億ドルに増えたという記事（2015年1月7日付けNext Generation）などがありますので、2010年前後から活躍し始めたと考えられます。発祥の地は米国でしょうが、なぜか欧州、特にロンドンやアイルランドで高く評価されて広がったようです。

● スタートアップ企業とは

　冒頭で「スタートアップ企業」と書きましたが、スタートアップとは何でしょうか。日本では、①純粋に新しくできた企業とか、②設立後6年内で従業員数が50人以内の小規模な企業の総称などという定義があるようですが、確たる根拠は見つかりません。

　米国では、設立年数や規模などには関係なく、どんなチームを中心として運営されているのか、存在目的、組織構成、成長のスピード、収益方法、などを参考にしてその中から一部の特殊なタイプを選び出し、「スタートアップ」と称しているようです。新しいビジネスモデルを開発し、短期間に急成長して一攫千金を狙う人々の集合体とでも言うべきでしょうか。このような定義づけを見てくると、ベンチャー企業とどう違うのかというさらなる疑問が出てきますが、よくわかりません。似たようなものでしょう。

● ソーシャルレンディング事業とクラウドクレジット事業

　ソーシャルレンディング事業とは、資金を借りたい人（特に零細企業経営者）と資金を運用したい人（特に小口の投資家やFUND）とを結び付ける融資仲介サービスを運営する事業のことを言います。投資家の中には高配当や株式売却などのキャピタルゲインを望む人がいますが、これらの人とは異なり、リーズナブルな利息による一定のインカムゲインを得て生活を安定させることを望む個人投資家もいます。ソーシャルレンディングサービスは、主としてこの人たちを対象に、小額の資金からでも参加できる投資機会を提供するサービスです。

　クラウドクレジット事業とは、資金余剰傾向が強い国（たとえば中近東の産油国など）から資金を集め、資金需要の旺盛な発展途上国へ資金を提供するクロスボーダー（国境を越える）サービスです。

　両者を比べてみると、定義の数ではBITCOINの方が多くなされているようですが、いつ生まれたか、となると両者とも2000年代後半としかわかりません。誰が運営しているのか、責任の所在、法整備、使途などの局面ではFINTECHの方が明確です。特に法制面では運営業者が名乗っており、それ

ぞれの経済活動に対し法の適用がありますから規制は厳格です。一方、BITCOINに対する各国の金融当局のスタンスは、これまでは、禁止、黙認、考慮中、などバラバラで世界的に統一されていませんでしたが、FATFが2015年6月26日に、ようやく「指針」を打ち出し、参加36カ国が法規制に乗り出すようです。

### ●FINTECHの手がける主な業務

現在FINTECHが行っている仕事は次のとおりです。それぞれ分類された範囲で仕事をしている代表的な業者をリストアップしておきます。運営業者のプロフィールを見ると、米国の大手IT企業あり、設立後3年前後の企業あり、従業員数4人といった小規模な日本法人ありで多種多様です。

（1） 決済業務

① SPIKE
　・業者名　　㈱メタップス
　・業務　　　主要国際ブランドクレジットカードのオンライン決済サービス。

② Stripe
　・業者名　　Kickstarter（米国）
　・業務　　　ネット決済の雄、PayPalに比べより簡単な手続（一定のソースコードをアプリに貼り付けるだけ）で決済システムを構築できるウェブ決済サービス。現在、日本円を含め139通貨に対応している。

③ Coiney
　・業者名　　コイニー㈱
　・業務　　　主要国際ブランドカード会社のオンライン決済サービス。

④ Kanmu CLO
　・業者名　　㈱カンム
　・業務　　　クレジットカード連動型のマーケティング配信。

（2） 資産管理業務

① マネーフォワード
- 業者名　㈱マネーフォワード（マネックスグループの100％子会社）
- 業務　　銀行、クレジットカード会社、証券会社、FX、年金などの口座を自動的にまとめて整理分類して家計簿を自動作成する資産管理サービス。

② Zaim
- 業者名　㈱Zaim
- 業務　　紙のレシートをスマホのカメラで撮影すると、品目や金額、店名、カテゴリーを読み取り、家計簿を作成するサービス。

③ Dr.Wallet
- 業者名　㈱BearTail
- 業務　　オペレーターがデータを手入力する点に特徴があります。

（３）　資産運用業務

① お金のデザイン
- 業者名　㈱お金のデザイン
- 業務　　低コストのグローバル資産運用サービスを提供。

② INSNEXT
- 業者名　㈱トイロ・インシュアランス
- 業務　　総合的な保険関連情報を提供するサービス。

（４）　ソーシャルレンディング業務

① AQUSH
- 業者名　㈱エクスチェンジコーポレーション
- 業務　　借り手の信用力と投資家の要求するリターンをリアルタイムで結び付けることにより、各個人の信用力に見合ったフェアな金利で融資を実現させるサービスを提供。

② Lending Club
- 業者名　Lending Club（サンフランシスコ）
- 業務　　借り手にはより安い金利で借りる機会、貸し手にはより高い

金利で貸す機会を提供する、オンライン個人間資金需給のマッチング仲介業務。近くNY証券取引所に上場の予定。

③ maneo
・業者名　maneoマーケット㈱（maneo㈱の100％子会社）
・業務　法人向け融資事業仲介業務。

（5）クラウドクレジット

① Crowdcredit
・業者名　クラウドクレジット㈱
・業務　ペルーなどの南米を投資先とする社会貢献性と経済的なリターンを兼ね備えた融資仲介業務。

（6）会計業務

① freee
・業者名　freee㈱
・業務　自動で会計帳簿が作成できる会計サービス。

② メリービズ
・業者名　メリービズ㈱
・業務　記帳代行サービス。

③ MFクラウド会計
・業者名　㈱マネーフォワード
・業務　取引明細を取得し明細書に勘定科目を自動的に記入するサービス。

（7）金融情報提供業務

① SPEEDA
・業者名　ユーザベース㈱
・業務　企業財務データや業界動向などさまざまな経済情報を提供するサービス。

② IRポケット
・業者名　㈱マジカルポケット

・業務　　上場企業の過去３年間にわたる業績を提供するサービス。
③　ZUU
　・業者名　　㈱ZUU
　・業務　　高所得者向けの金融情報を提供するサービス。
④　bitFlyer
　・業者名　　㈱bitFlyer
　・業務　　BITCOINの売買並びにBITCOIN関連情報を提供するサービス。

●さらなる銀行離れが進むか

　第２部第６項で述べた「銀行離れ」で、私は、「銀行は、銀行法に守られて巨大な土手の中で胡坐をかき独占的な地位を満喫している。その土手を崩すのは小さな蟻の一穴だ」と書きました。そして、小さな働き蟻の穴の例として30前後の例をあげました。特に私が注目しているのは、資金決済法で前払式支払手段と定められているプリカ、中近東のハワラ、市民ファンド、電子マネー、BITCOINの５つです。さらに３月に入って新顔のFINTECH（特に、STRIPEやLending Club）がこのグループに加わりました。IT分野については私のような老人は恐怖さえ感じます。何をやらかすのか、次はどんな化け物が飛び出すのか、まったく想像ができません。これらの蟻の一穴がしだいに大きくなり土手を崩すことになるでしょう。

　メガバンクを囲む金融機関の動きを見ると、これらの蟻の動きに対する反応はまだまだ微々たるものです。

●FINTECHの今後を考える

　現在のFINTECHの活動分野の例を幾つかあげました。IT企業で活躍する頭のよい人々は、これからこれらの例をさらに広げていくでしょう。私は、FINTECHに対する銀行の反応はまだ鈍いと思います。メガバンクの三菱東京UFJ銀行は、ようやく今年３月、ネット上でFINTECHの動きに触れ、その対策を募っています。FINTECHやBITCOINは、今後とも銀行離れを加速させていくでしょう。今後の銀行業界の動きが楽しみです。

〔著者連絡先〕
〒168-0081　東京都杉並区宮前2-20-26

## あなたの知らない！
## クレジットカード社会の真実

平成27年8月2日　第1刷発行　　　　　　定価　本体1,600円＋税

著　者　末藤　高義
発　行　株式会社　民事法研究会
印　刷　文唱堂印刷株式会社

発行所　株式会社　民事法研究会

〒150-0013　東京都渋谷区恵比寿3-7-16
　　　　　　TEL 03(5798)7257〔営業〕　FAX 03(5798)7258
　　　　　　TEL 03(5798)7277〔編集〕　FAX 03(5798)7278
　　　　　　http://www.minjiho.com/　info@minjiho.com

落丁・乱丁はおとりかえします。　ISBN978-4-86556-029-9　C2033　￥1600E

カバーデザイン：袴田峯男

▶捨てる神があれば、拾う神あり！ 人生、努力を続ければどうにかなる！（筆者より）

# ある日銀マンの昭和史
## ―ノンキャリ・一兵卒の「私の履歴書」―

末藤高義　著

A5判・144頁・定価　本体1,000円+税

### 本書の特色と狙い

- ▶著者の日銀勤務時代を縦糸にし、その時々の国際金融・為替体制の激しい動きを横糸として紡いだ一遍の記録！
- ▶戦後混乱期からバブル崩壊までの様々な出来事を日銀マンの目を通して検証した歴史の証言！
- ▶過酷な運命を自ら切り開き不撓不屈の精神で「一朵の雲」を追い求めてきた人生の叙事詩！

### 本書の主要内容

序　章　プロローグ
第1章　日本銀行熊本支店の頃（昭和22年4月～25年3月）
第2章　選抜試験のいま昔
第3章　日本銀行の体質
第4章　本店外国為替局（昭和25年3月～35年4月）
第5章　名古屋支店へ転勤、フルブライト留学（昭和35年4月～39年7月）
第6章　留学帰国から再渡米まで（昭和39年7月～42年10月）
第7章　ニューヨーク駐在事務所（昭和42年10月～45年4月）
第8章　帰国、再び外国局へ（昭和45年4月～52年5月）
第9章　大阪支店と神戸支店、本店外国局（昭和52年5月～59年11月）
第10章　日銀からクレジットカード業界への転進（昭和59年11月～平成6年10月）
終　章　エピローグ

発行　民事法研究会

〒150-0013　東京都渋谷区恵比寿3-7-16
（営業）TEL. 03-5798-7257　FAX. 03-5798-7258
http://www.minjiho.com/　info@minjiho.com

■IT関係について知識のない人でも投げ出さずに読める！

# サイバー犯罪対策ガイドブック

## [基礎知識]から[実践対策]まで

末藤高義 著

A5判・286頁・定価 本体2,800円＋税

▷▷▷▷▷▷▷▷▷▷▷▷▷▷▷▷ **本書の特色と狙い** ◁◁◁◁◁◁◁◁◁◁◁◁◁◁◁◁

▶スマートフォンや電子マネー、電子商取引・決済等、サイバー犯罪の理解に必要な基礎知識をわかりやすく解説！

▶サイバー犯罪の概要、実情、そして対応・対策の3つの観点から詳述するとともに、ネットトラブル対策上知っておけば役に立つ事項も掲載！

▶サイバー犯罪の種類と手口、具体的な事件と法律との関係、関係機関の取組みや対策をわかりやすく解説、ITの「いま」がわかる！

▶日々、重要性を増してゆくITに関する知識を深めたい弁護士や司法書士等、企業法務を行っている法律専門家や、企業の情報管理部、法務部担当者に必携の1冊！

**本書の主要内容**

第1部 サイバー犯罪理解のための基礎知識
　第1章 インターネット時代の新しい道具たち
　第2章 インターネット上の取引と決済
　第3章 インターネット上の不正行為

第2部 サイバー犯罪の実情と対策
　第1章 サイバー犯罪の種類と手口
　第2章 サイバー犯罪対策をめぐる関係機関の取組み
　第3章 ネットセキュリティによるサイバー犯罪対策

発行 民事法研究会

〒150-0013　東京都渋谷区恵比寿3-7-16
(営業) TEL. 03-5798-7257　FAX. 03-5798-7258
http://www.minjiho.com/　info@minjiho.com

▶最新の情報・動向をもとに実態と対策を明示！

# インターネット＆クレジットカードの犯罪・トラブル対処法

末藤高義　著

Ａ５判・349頁・定価　本体3,000円＋税

▷▷▷▷▷▷▷▷▷▷▷▷▷　**本書の特色と狙い**　◁◁◁◁◁◁◁◁◁◁◁◁◁

- ▶近年、つとに悪質化・巧妙化が進むインターネット（サイバー）犯罪の実態と対策について、共通点が多いといわれるクレジットカード犯罪と対比させつつ、著者の長年の経験に培われた知識・ノウハウをもとに著された労作！
- ▶非対面性・匿名性と複雑な手口等から極めて検挙率が低い事件の内容を把握することが難しいといわれるインターネット犯罪を、過去の歴史・統計・実例と取締法令・関係判例を検証しつつあるべき対処法を示唆する関係者待望の書！
- ▶先に著者が著した『クレジットカード犯罪・トラブル対処法〔改訂増補版〕』をベースにして、クレジットカード業界の最新事情・動向やセキュリティ対策、犯罪・トラブルへの具体的対応策を開示した実践的手引書！
- ▶多様な統計・図表を用いてインターネットおよびクレジットカードの犯罪・トラブルに関連する知識・情報を広範に収録しているので極めて至便！
- ▶ＩＴ業界やクレジット業界の関係者のみならず弁護士、司法書士、消費生活センターの担当者などの実務家にとっても必読の書！

**本書の主要内容**

序　章　最近の動向をめぐって

第１章　インターネット犯罪
　Ⅰ　サイバー犯罪の統計／Ⅱ　インターネットの出現に伴って生じた新しい仕事／Ⅲ　サイバー犯罪の種類と手口／Ⅳ　サイバー犯罪・トラブルの具体的事例／Ⅴ　コンピュータウイルス・不正ソフト／Ⅵ　インターネット関連犯罪対策／Ⅶ　ウイルス対策ワクチン／Ⅷ　インターネット関連法の概要／Ⅸ　インターネットに関連した主要刑事判例／Ⅹ　「電子商取引及び情報財取引等に関する準則」とその解説／Ⅺ　インターネット犯罪・トラブル対処法

第２章　クレジットカード犯罪
　Ⅰ　クレジットカード犯罪の統計／Ⅱ　クレジットカード犯罪の種類・手口／Ⅲ　クレジットカード犯罪事例／Ⅳ　クレジットカード犯罪対策／Ⅴ　クレジットカード犯罪取締法の変遷／Ⅵ　法律の抜け穴／Ⅶ　クレジットカード関連法／Ⅷ　クレジットカード・キャッシングカード等に関連した主要刑事判例／Ⅸ　クレジットカード犯罪・トラブル対処法

第３章　犯罪・トラブルから身を守るためのインフラ関連基礎知識
　Ⅰ　オーソリゼーション／Ⅱ　スコアリング・システム／Ⅲ　チャージバック／Ⅳ　金利規制／Ⅴ　地下銀行／Ⅵ　個人信用情報／Ⅶ　銀行、カード会社、消費者金融会社、政府系金融機関の再編成

第４章　犯罪・トラブルから身を守るための知能犯関連基礎知識
　Ⅰ　振り込め詐欺／Ⅱ　悪質商法あの手この手／Ⅲ　身に覚えのない取引の請求

発行　民事法研究会

〒150-0013　東京都渋谷区恵比寿3-7-16
（営業）TEL. 03-5798-7257　FAX. 03-5798-7258
http://www.minjiho.com/　info@minjiho.com

## 実務に役立つ実践的手引書

初版より10年間の社会状況・法令・判例・理論・実務の変化を踏まえ大幅改訂！

# キーワード式 消費者法事典〔第2版〕

日本弁護士連合会消費者問題対策委員会　編　　　　（A5判・515頁・定価 本体4200円＋税）

---

裁判官と弁護士双方の経験と学識を有する著者が、具体的かつ実践的な訴訟の真実の姿と実務知識を教示！

# 実戦　民事訴訟の実務〔第5版〕「実務民事訴訟法」改題
―必修知識から勝つための訴訟戦略まで―

中央大学法科大学院教授・弁護士　升田　純　著　　（A5判・621頁・定価 本体4700円＋税）

---

被害者参加弁護士および刑事弁護人の両方の立場から、実務的・実践的に解説！

# 実践　犯罪被害者支援と刑事弁護
―弁護士による被害者支援と刑事弁護人の対応―

兵庫県弁護士会「実践　犯罪被害者支援と刑事弁護」出版委員会　編著　（A5判・228頁・定価 本体2500円＋税）

---

シリーズ第2巻！基礎知識から実務上の指針までを50を超す豊富な書式例を交えて詳解！

【現代債権回収実務マニュアル❷】
# 裁判手続による債権回収―債務名義の取得・保全手続―

虎門中央法律事務所　編　　　　　　　　　　　　　（A5判・353頁・定価 本体3200円＋税）

---

事業再生ADR手続規則、中小企業再生支援協議会等の支援による保証債務の整理手順等を新規収録！

# コンパクト倒産・再生再編六法2015―判例付き―

編集代表　伊藤　眞・多比羅誠・須藤英章　　　　　（A5判・693頁・定価 本体3400円＋税）

---

民法（債権関係）改正法案から、24テーマを厳選し、改正法案の内容や残された課題などを詳解！

# Q&A消費者からみた民法改正

日本弁護士連合会消費者問題対策委員会　編　　　　（A5判・128頁・定価 本体1300円＋税）

---

発行　民事法研究会
〒150-0013 東京都渋谷区恵比寿3-7-16
（営業）TEL03-5798-7257　FAX 03-5798-7258
http://www.minjiho.com/　　info@minjiho.com